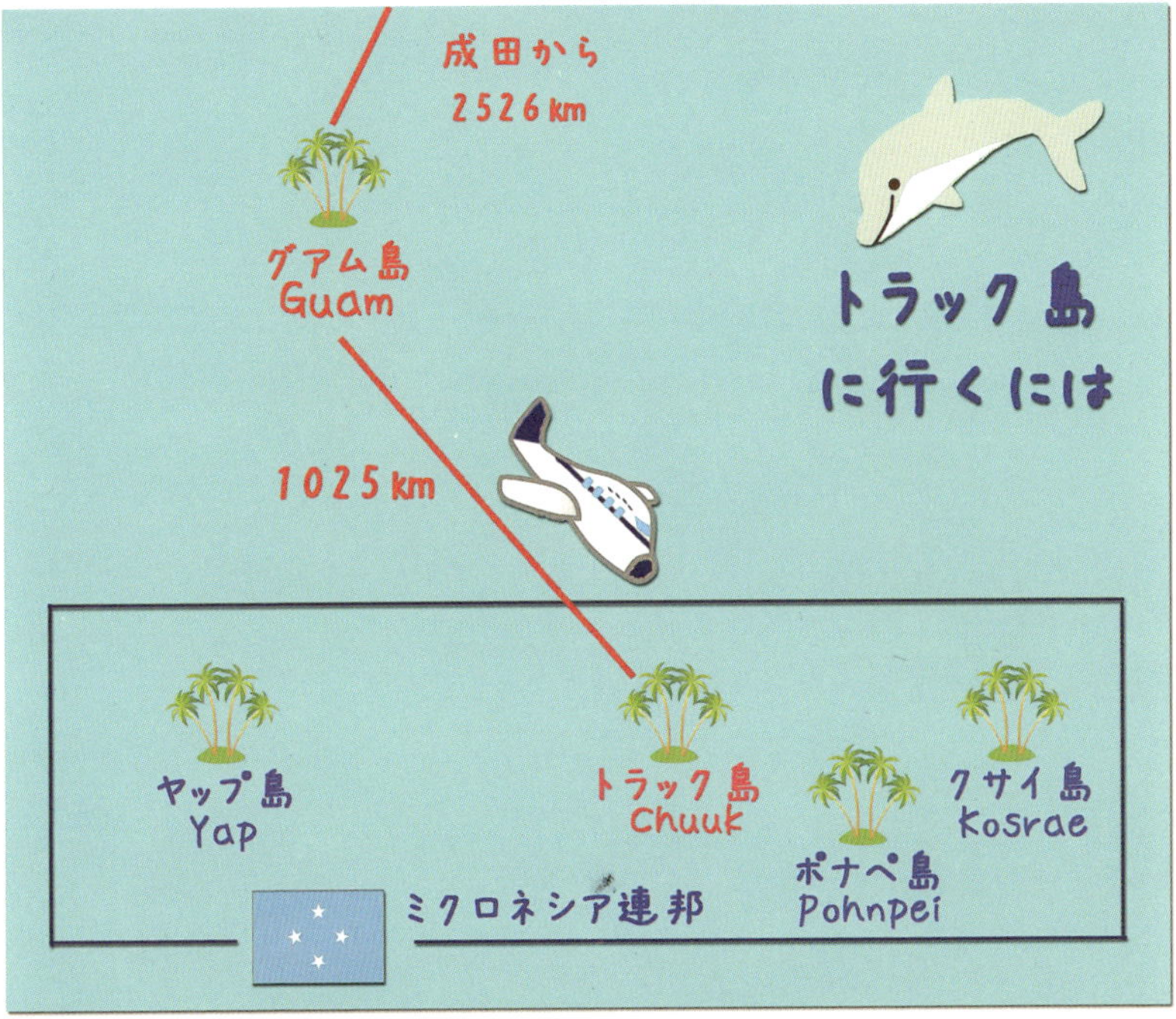
トラック島
に行くには
成田から
2526 km
グアム島
Guam
1025 km
ヤップ島
Yap
トラック島
Chuuk
クサイ島
Kosrae
ポナペ島
Pohnpei
ミクロネシア連邦

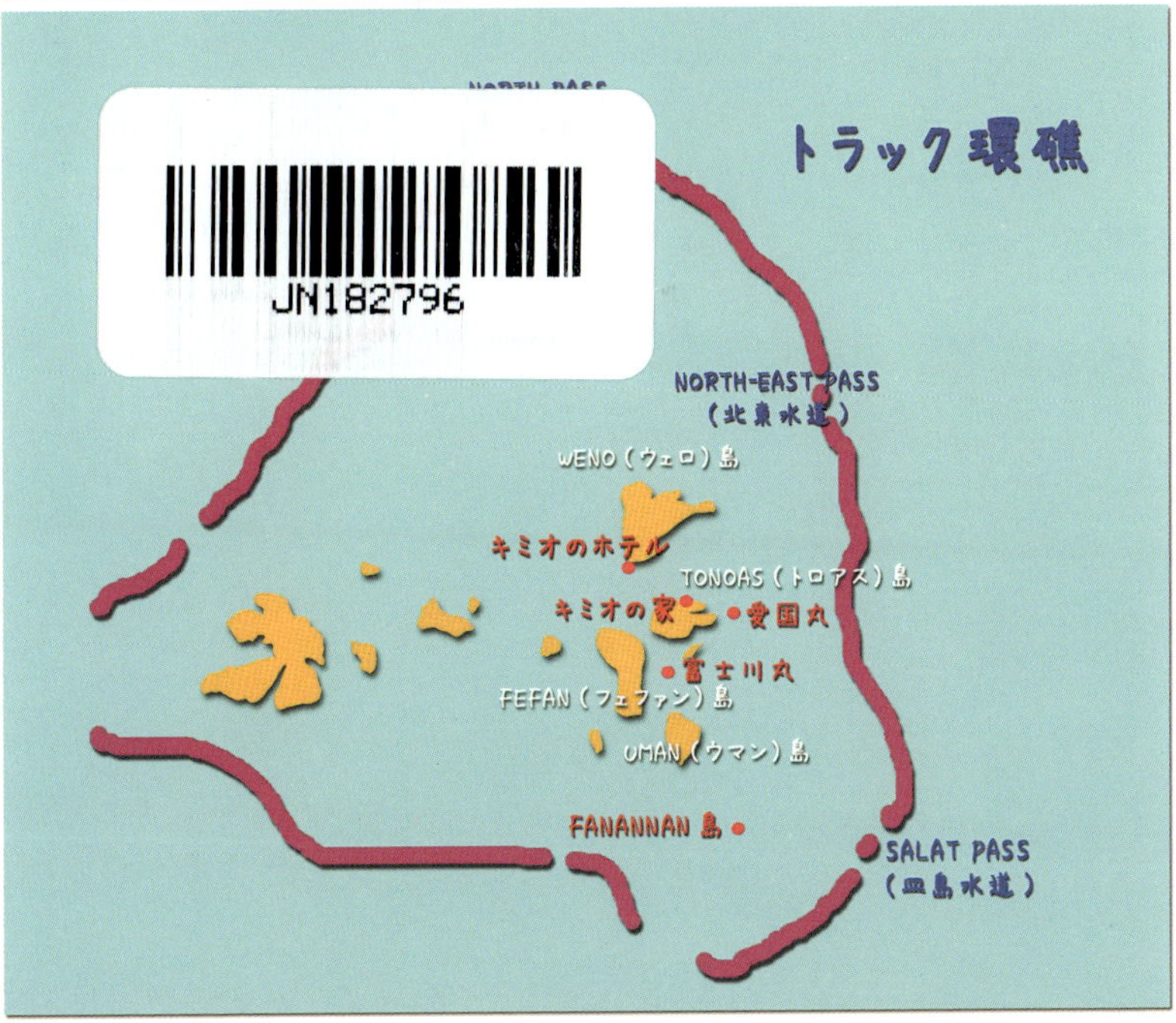
トラック環礁
NORTH-EAST PASS
(北東水道)
WENO(ウェロ)島
キミオのホテル
TONOAS(トロアス)島
キミオの家
愛国丸
富士川丸
FEFAN(フェファン)島
UMAN(ウマン)島
FANANNAN 島
SALAT PASS
(皿島水道)

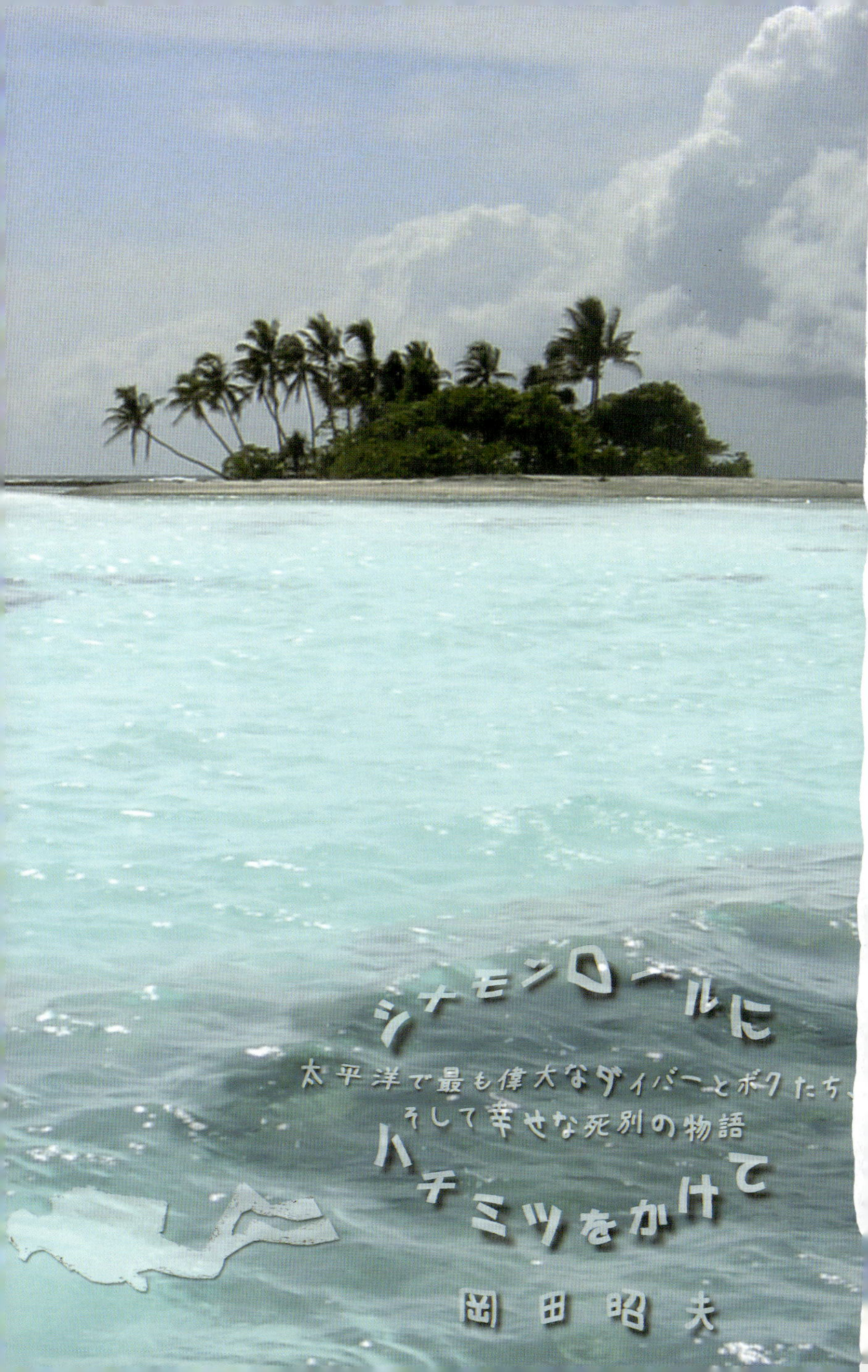
シナモンロールに
太平洋で最も偉大なダイバーとボクたち、
そして幸せな死別の物語
ハチミツをかけて
岡田昭夫

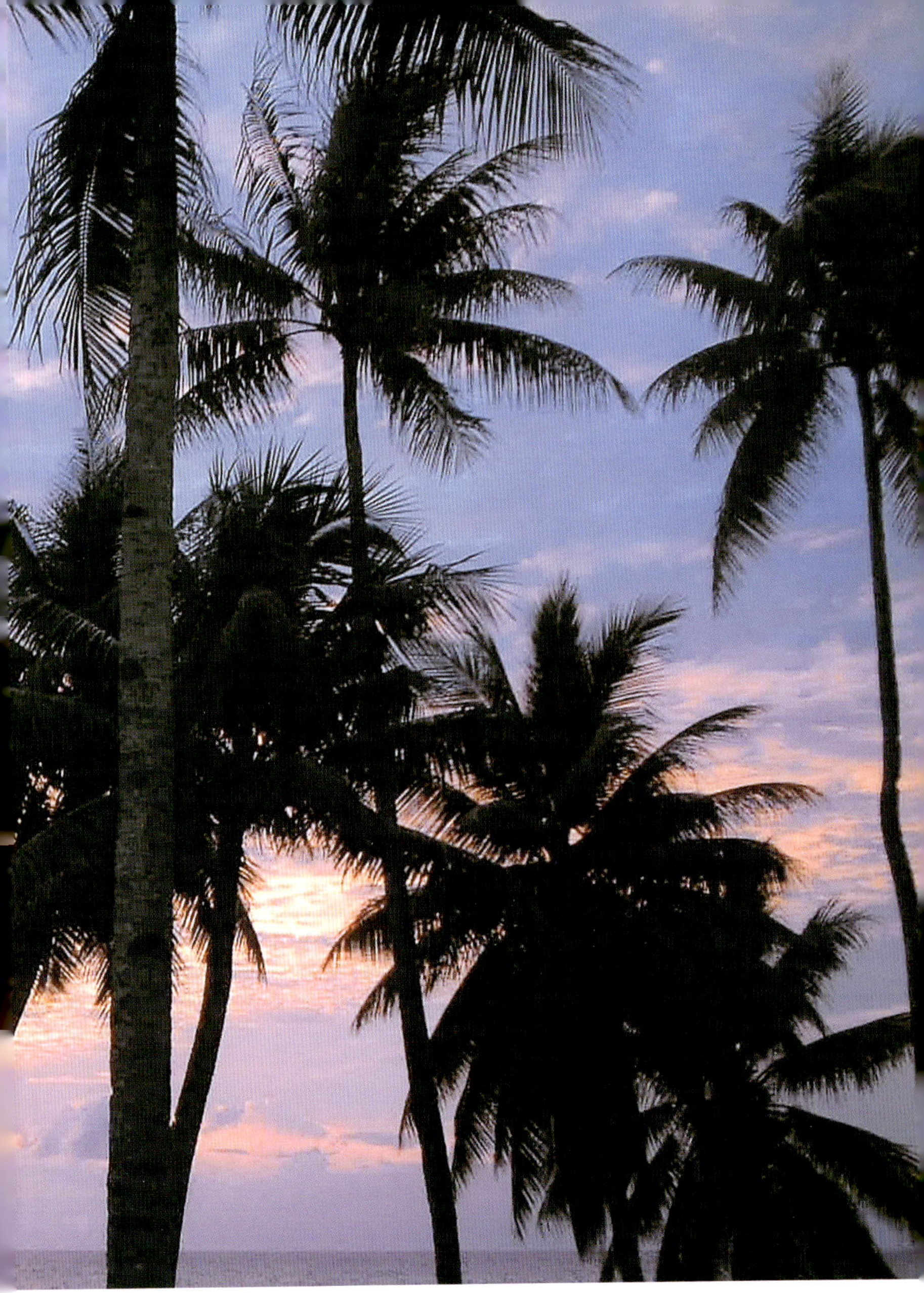

トラック……その大自然に抱かれ、ボクたちは地球を肌で感じ、
心の片隅に置き忘れた何かに再びめぐり会うことができる。

Fanannan(ファナンナン) 島。「ボクね、この島をね、買っちゃったよ。これでね、いつでもね、好きなときにね、潜れるでしょ」。—本文より—
トラック環礁にはこのような美しい小島が点在している。

右手はるか水平線に浮かぶのがUman(冬)島。ウローラスという編み笠を伏せたような均整のとれた山がスカイラインを形作る。その左が日本時代の中心地だったTonoas(夏)島。ボクのトラックの原風景だ。

キミオのホテル。朝、小鳥のさえずりと島民たちの通勤ボートのエンジン音で心地よい目覚めを迎える。部屋の扉を開けるとこの風景が待っている。朝日で黄金色に染まったヤシの林から、心地よい貿易風に朝露がしたたる。

North-East Pass（北東水道）は、テーブルサンゴのお花畑だ。

ササイ小隊長、50年ぶりのTonoas（トロアス）島上陸。愛用のステッキで、アメリカ軍の戦闘機の攻撃経路をみんなに教えてくれた。

サササイ小隊長、50年ぶりのトロアス島。キミオ家の歓迎会にてメンバー大集合。キミオの向かって左側がトミオさん。

ボクの見た最後のキミオ　　トラックを発つ夜、ホテルの自室からフロント棟までボクたちを見送ってくれたキミオ。まさかこれがキミオに会う最後になろうとは思ってもみなかった……。

キミオといつも見ていたダイニングの窓越しの海。キミオの座った席は主を失い、ダイニングが淋しく広い……。

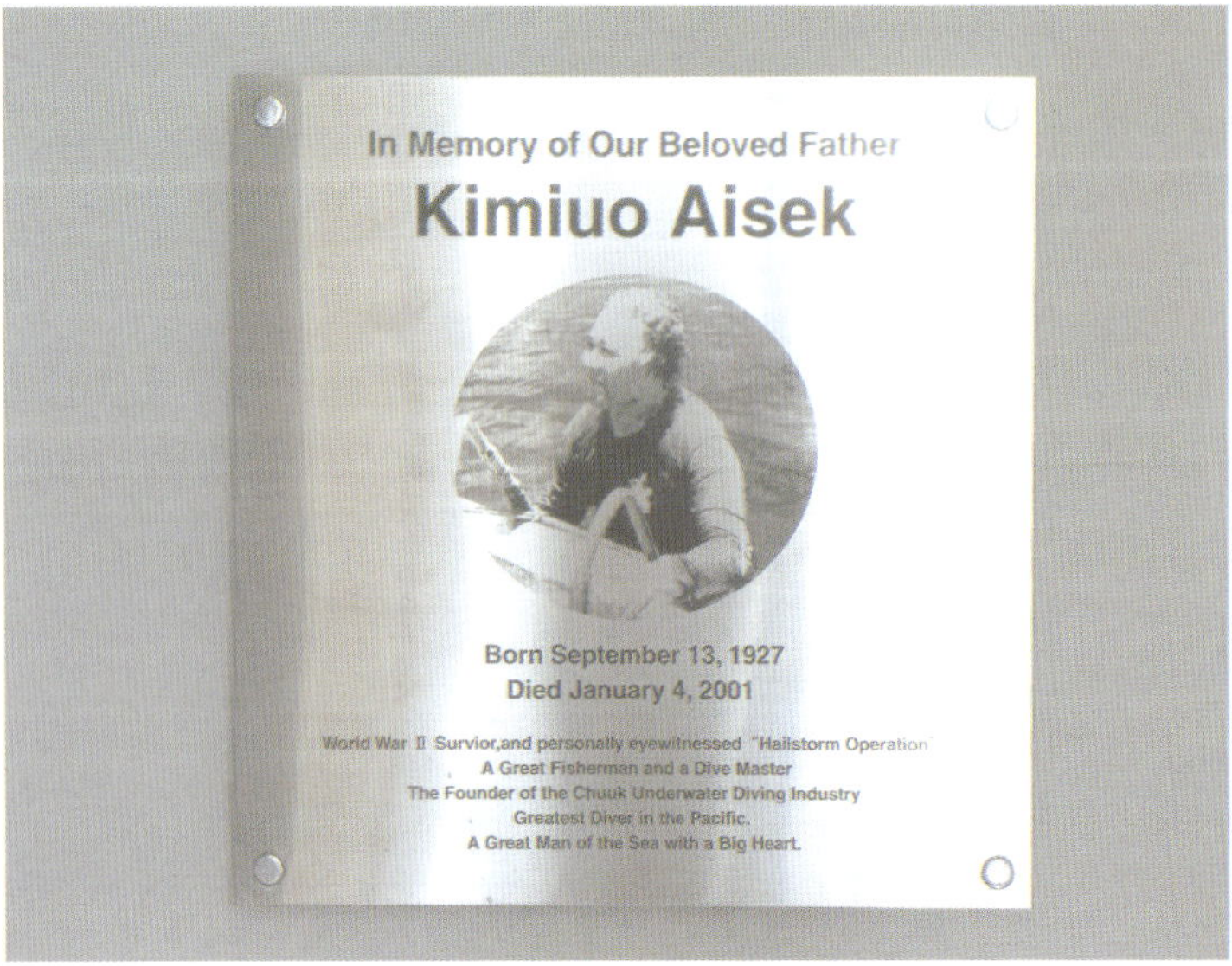


完成したキミオのメモリアルプレート。一枚を我が家の玄関に取り付けた。

型枠に生コンクリートを流し込み、キミオのメモリアルプレートを固定した。いよいよ記念碑が完成に近づいた。

ボクたち記念碑沈め隊の出動中に、ダイブショップのスタッフたちが、キミオの墓にメモリアルプレートを取り付けてくれた。

キミオの記念碑を富士川丸甲板に着底させて、ロープやリフトバッグをはずす。右（手前）がアッピン、左（奥）がボク

富士川丸での記念碑設置を成功させて、歓びで抱き合うアッピンとボク。

富士川丸での記念碑設置は成功した。いよいよ明日は愛国丸に記念碑沈め隊が出動だ。美しい夕日に力をもらう。太陽が雲に遮られず直接水平線に沈む一瞬、空がグリーンに輝くという。グリーンフラッシュ、でるか!?

深海に沈む愛国丸の甲板に一気に記念碑を沈める。一番下でケンが潜水コースを定めて、真ん中のアッピンがリフトバッグの浮力を調節して、ボクが船からのロープを調節する。

愛国丸の甲板には1994年にキミオが設置した慰霊碑がある。その周りには戦死された乗組員の遺骨が累々と集められている。

愛国丸の甲板に記念碑を設置する作業は順調に進んだ。ここまで潜行開始から8分。安全な潜水時間内で記念写真を撮ることもできた。左がキミオの記念碑、右はキミオが1994年に乗組員の方々のために設置した慰霊碑。

記念碑沈め隊、船上に帰還。達成感でみんな気分が高揚している。中央がメイソン、2列目左からミカ（トラックNo.1の操船手）、トシエ、ふーさん、ケン、ボク。後ろにニック、アッピン。撮影者、ナオコ。

「それからボクたちのボートはホテルに戻らず、トロアス島に向かった。
誰が言うでもなく、それが当然のことのように」—本文より—
記念碑沈め隊のボートは、誰が言うわけでもなくトロアス島のキミオの墓に、記念碑作戦の成功の報告に向かった。左からふーさん、ニック、トシエ、ミカ、メイソン、アッピン、ケン、ボク。撮影者、ナオコ。

キミオの墓のあるマンゴーの大木のもとに登る。階段を登るボクの足取りも肩もなぜか軽くなった。

あれから13年が経った。なーんにも変わっていない。唯一変わったと言えばアッピン（中央）の腹がキミオなみにデカくなったことだ。「大隈講堂の雪」のとき、学生だったアヤ（アッピンとボクの間）とトヨ（その後ろ）が一緒に来てくれた。彼らの成長に時の流れを実感する。

# もくじ

晩年のキミオはよくトロアス島の自宅のテラスで海を見つめていた。
キミオとボク。

ファナンナン島。トラック島には美しい無人島がたくさん点在している。

# トロアス島――まえがきに代えて

シュガークリームがたっぷりかかったシナモンロールがハチミツやメープルシロップのプールで泳いでいる……キミオのランチボックスの中はいつもそんな感じだ。ボクが目を丸くすると、「だって、ダイビングのあとにね、海からあがるとね、甘いものね、おいしいでしょ」。しわがれて、巻き舌のミクロネシア訛りの流暢な日本語でキミオがよく言っていた。彼は甘いものが大好きだった。

キミオ・アイザック（Kimiuo Aisek）……太平洋で最も偉大なダイバーと称賛され、世界の観光ダイビング産業の神さまとまで言われ、ミクロネシアの発展に生涯を捧げ、二〇〇一年1月4日、彼は逝った。今、キミオは、トロアス島のクチュア村のマンゴーの大木の下に、生涯愛し続けたトラックの

キミオのホテルのサンライズビーチに張り出した砂州。海峡の向こうにトロアス島が見える。島の向かって右にそびえるのがトルモン山、キミオのクチュア村は左の山の麓にある。

海を見おろしながら眠っている。そう、これからボクが語るのは、ボクたちを愛してくれた太平洋で最も偉大なダイバーとボクたちが過ごした日々と、そして何よりボクたちが経験した「幸せな死別」の物語だ。

・・・・・・・・

キミオ・アイザック、一九二七年9月13日生まれ、ミクロネシア連邦チューク州トロアス島出身。トロアス島は"Tonoas"と書くのだが、トラック語では〝n〟は「ら」行として発音するので「トロアス」が正しい。ミクロネシア連邦チューク州と言っても、どこだか知る人は少ないと思う。じゃあ、トラック島と言えば、わかるだろうか。わかる人がいるとすれば戦中世代の人たちだろうか。太平洋戦争前に「冒険ダン吉」という漫画が一世を風靡した。トラック島はその漫画の舞台だった。ダン吉のモデルとなったのは、明治時代にトラック島に入植した日本人、森小弁だそうだ。もっともボクもこのマンガを読んだことはないが。

というわけで、キミオが生まれたとき、チューク州はトラック島と呼ばれていた。そこは日本領で、旧日本海軍の連合艦隊の前進基地があり、戦艦大和や戦艦武蔵が停泊していた。トラック島と言うが実際にはひとつの島じゃ

キミオのホテルのサンセットビーチには今でも日本軍のトーチカ（コンクリート製の銃座・砲台）が残っている。世界的に有名なサンセットの楽園と不思議なコントラストだ。

あない。阿蘇の外輪山を想像すると分かりやすいんじゃないだろうか。外輪山がちょうど海面すれすれのところまで沈下して、その中の山々が島になって水面から頭をのぞかせている様子を想像してもらえれば、それがトラック島だ。直径が60㎞余の外輪山が珊瑚礁の防波堤となって外洋の波を防いでくれている。だから島々の周囲の海はいつも穏やかだ。そして外輪山の何か所かにある切れ目（水道＝パス）から船は環礁の内側（礁湖＝インリーフ）に入ることができるのだ。インリーフは自然の良港なのだ。旧海軍はそこに目をつけたのだろう。

島には日本人が溢れ、軍人相手の花街まであったそうだ。当然の事ながらキミオも皇国教育を受けた。キミオという名前もどこかの日本人が付けたのだろう。一時は日本風に「白井君夫」と名乗らされたこともあった。もっともこれは、あとからボクがキミオから聞いた話だが……。

ボクたちはキミオとのつきあいの中で、戦争中トラック島に駐留していた元日本軍人の面々と親しくなった。彼らは戦友会で平和になったトラック島に来訪していたからだ。彼らの話では、キミオは相当ないたずら坊主だったようだ。キミオの遊び場は、クチュア村近くの日本軍の陣地や基地だった。

多分、子どもだったから勝手にどこでも出入りできたのだろう。そのうち兵士たちよりも基地内のことに詳しくなったらしい。たとえば陸軍のある小隊に対して、どこかの上官が、「どこそこに新しいトーチカ（コンクリートでおおわれた機関銃や大砲の陣地）を作れ！」と命令したとしよう。上官は物資の在庫なんかにはお構いなしだ。当時の日本軍のこと、ご多分に漏れずトラック島も物資が不足していた。命令を受けた小隊長は困ってしまう。作りたくてもセメントが足りない。そんなとき、小隊長はこっそりキミオに頼んだそうだ。するとキミオは夜の間に基地内の倉庫からこっそり調達？して、朝までには建設現場に届けておいたそうだ。基地内の倉庫の隅々までが彼の遊び場だった。どこに何がしまってあるかまでキミオは良く知っていた。これは今から20年前、実際に第69聯隊の元小隊長からボクが聞いた話だ。

外地とはいえ日本領で皇国教育を受けた軍国少年にとって、あこがれの兵隊さんたちに可愛がられ、一緒に過ごした想い出は、心の宝石箱の中で一生鮮やかに輝き続けていた。キミオはその最晩年まで、戦争中の兵隊さんたちとの想い出を、昨日のことのように鮮やかに、いかにも楽しげに、遠い目をしてボクに語ってくれた。

右にフェファン島（日本名秋島）、左端がトロアス島（夏島）、中央の奥にあるのがウマン島（冬島）。この風景を眺めると「ああ、帰ってきた」と実感する。ボクの原風景だ。

## クチュアの海

しかし、一九四四年2月17日、そんなキミオの一生を決定づける衝撃的事件が起こった。それは太平洋戦争の真っ最中だった。アメリカ軍の“Operation Hailstone（雹作戦）”だ。アメリカ海軍はトラック島の海軍基地に奇襲攻撃をかけ、旗艦戦艦大和をはじめとする艦船を撃沈し、連合艦隊の機動力を奪おうとした。幸か不幸か、このような奇襲作戦を警戒し日本の海軍は、主力艦をトラック島から避難させていた。だから作戦決行の当日、トラック島に停泊していたのは、僅かな数の掃海艇や潜水艦を除いて、ほとんどが輸送船やタンカーだった。その中に特設巡洋艦愛国丸がいた。

その日、アメリカ海軍の空母から飛び立ったおびただしい数の戦闘機が魚雷を抱えて、突如トラック島に押し寄せてきた。トラック島に停泊していた艦船は殆どが戦闘艦ではなかった。だからわずかな兵器しか搭載していなかった。それでも、どの船もどの船も、必死で応戦した。愛国丸も例外ではなかった。

・・・・・・・

愛国丸はもともと大阪商船が所有する貨客船だった。しかし太平洋戦争が始まったため、海軍が軍装して巡洋艦として使っていた船だ。いつもキミオの家があるクチュア村の近くに停泊していた。ところでトラック島と言っても、実はひとつの島じゃない。いくつもの島の集まりをそう呼んでいる。その中に、日本時代に四季諸島と呼ばれた島々があった。春夏秋冬を冠した4つの島だ。なかでも夏島は海軍基地や海軍病院、そして陸軍の守備隊、はては兵隊相手の花街まであり、最も賑わっていた。この夏島（今は現地語でトロアス島）の海を見下ろすところにキミオの住むクチュア村があった。村からは海を挟んで数百m先に隣の春島（現地語でウェロ島、前の「トロアス島」で話したようにトラック語では〝n〟は「ら」行だから〝weno〟は「ウェロ」なのだ）が見えている。真っ白なまぶしい砂浜に、明るいコバルトブルーのグラデーションが続く。そしてインディゴブルーの深い海の先に、春島の珊瑚礁がコバルトブルーに輝く。そしてその先に眩しい白い砂浜が春島の輪廓を描いていく。今の平和な時代に、ボクたちが見ている分にはパラダイス……。だけどキミオの少年時代には、この目の前の海は戦艦大和と武蔵のための投錨地（停泊のための指定場所というところか……）だった。きっと黒い鉄の塊が高い山のように視界を遮って、春島なんか殆ど見えなかったんじゃないだろうか。

この巨大な2隻の停泊地の北側に愛国丸の投錨地はあった。ここからはボクの想像だが、乗組員たちは夏島（トロアス島）に上陸するとき、はしけでクチュア村から上陸していたんじゃないだろうか。キミオが愛国丸の乗組員たちとことのほか親しくなった理由はそんなところじゃないかとボクは思っている。

・・・・・・・

"Operation Hailstone（雹作戦）"のその日、キミオはクチュア村の高台から海を見ていた。海ではキミオにとってはかけがえのない友だちが、愛国丸の艦上からアメリカ軍のおびただしい数の飛行機に向けて応戦していた。とは言っても、戦争はキミオにとっても他人事ではなかった。アメリカ軍の飛行機には、魚雷を積んで艦船を攻撃するものと、爆弾を積んで陸地を攻撃するものがあったからだ。戦闘が終わったあとの島々はジャングルが消え失せ、丸裸になっていた。多分キミオも必死で避難しながら、どこか安全な場所に隠れて、応戦する愛国丸を見ていたんだろう。

やがて愛国丸は力尽きて、沈み始めた。それでも艦の姿が水面から消えるその瞬間まで、艦上からは空に向け機関銃や対空砲が火を噴いていたという。キミオはクチュア村の高台からその一部始終を見ていた。自分の戦友たちの最期を、キミオはその目に焼き付けていた。17歳の多感な青年の心に、それはどんなふうに映ったのだろうか。いずれにしても、この経験がキミオのそのあとの人生を決定づけることになった。

潜水を終え、海から上がるキミオ。彼のメモリアルプレートの素材にした写真だ。

## A Frog Man（フロッグマン）

終戦を迎え、ミクロネシアは日本に代わってアメリカの信託統治を受けるようになった。その時からミクロネシアはアメリカの大量消費文明のマーケットになった。ガソリンや冷凍食肉から成人病に至るまで、怒濤の勢いでこの地域に雪崩れ込んできた。このような時流の中、キミオはハワイに渡った。アメリカ海軍の潜水部隊に入隊するためだ。キミオはそこで潜水技術を身につけた。Frog Man（カエル人間）、これはアメリカ海軍潜水工作隊の隊員たちの愛称だ。歩くより泳ぐ方が先だったような環境で育ち、屈強な体躯の持主だったキミオにとって、そこは格好の活躍の場であったことだろう。

除隊後、キミオはトラック島に戻って、身につけた潜水の技術で沈没船から遺骨の収集を始めることになるのだが、一体どっちが先だったのだろうか？　いずれキミオに訊いてみようと思いながら、ボクがそれをする前にキミオは逝ってしまった。愛国丸の戦友たちの遺骨を引き揚げたくて、潜水を学びにアメリカ海軍に入隊したのだろうか？　それともアメリカ海軍に入隊して潜水を修得したから、遺骨の引き揚げを思いついたのだろうか？　ボクは勝手に前者だと解釈している。

除隊後、キミオはトラック島に戻って、漁師をして生計を立てていた。仕事の合間、キミオは身につけた潜水技術と持ち帰った潜水具を駆使して、沈没船探しを始めた。もちろん“Operation Hailstone（雹作戦）”の戦闘で沈没したキミオの戦友たちの船だ。そしてトロアス島の東側の沖合に愛国丸も発見した。キミオが特に好きだった「戦友」たちの乗っていた船だ。それ以外の船も次々と発見していった。そしてキミオは日本兵の遺骨収集を始めた。今現在、60数隻の沈没船が特定されているという。

愛国丸も例外ではなかった。キミオは遺骨収集を敢行したのだ。なぜボクは「敢行」と言っているかというと、愛国丸は他の船とはちょっと違った。沈没場所の水深が深すぎるのだ。甲板で水深50ｍ、船底で水深70ｍ、これは圧縮空気で潜るスクーバ・ダイビングの安全深度の限界を倍以上越えている。なぜって、スクーバ・ダイビングでは、潜水深度の水圧と等しい高圧の空気で呼吸しなきゃならない。人間は高圧空気を吸うと体内の組織に窒素が蓄積されてしまう。その体内に溜まった窒素がカラダに悪さをするのだ。これが減圧症（潜水病）だ。ヘタをすると命を落としかねない危険な病気だ。スクーバ・ダイビングでこれに罹らないように安全に潜水するなら、せいぜい水深30ｍが限度というところか。

それでもキミオは愛国丸に潜った。減圧症の危険を冒しながら、何度も潜った。そして「戦友」たちの遺骨を引き揚げた。晩年のキミオは減圧症の後遺症と持病の糖尿病のために、殆ど足の自由が利かなくなった。それでもキミオは、たとえどんなに時間がかかっても、自分の足で立ち、歩こうと努めた。誇り高きマイクロネシアン。

「でもね、キミオさん、その足はあなたの勲章なんだよ。車椅子に乗ったっていいじゃない、もっと誇っていいんだよ」

BLUE LAGOON
DIVE SHOP
Truk Lagoon
MICRONESIA
Serving Divers since November 13, 1973
www.truk-lagoon-dive.com
bldiveshop@mail.fm

キミオのダイブショップのマーク。帝国海軍の軍艦旗が中央に。彼の少年時代に胸に焼きついた帝国海軍への憧憬が鮮やかに蘇る。

## 太平洋で最も偉大なダイバー

戦後、トラック島で沈没船捜索をしながら、キミオは考えていた。スクーバ・ダイビングを何とか人々に広めることはできないか。それもそのはずで、日本では一九六〇年代になっても、スクーバ・ダイビングは特殊なものだった。「カリプソ号の冒険」や「わんぱくフリッパー」とか何とかいう番組の中で、スクーバ・ダイビングのシーンをテレビで見るのがせいぜいだった。潜水作業や漁業、あるいは軍隊の特殊部隊がやっているくらいのものだった。当時ボクは小学校低学年の悪ガキだった。テレビで見て、スクーバ・ダイビングに憧れていた。東京に住んでいたためか、それでも近くに潜水機材を扱うお店があった。その店の前には潜水用のヘルメット（スクーバ用ではもちろんないが……）が飾ってあった。よく放課後に、そのお店を覗きに行ったものだ。いずれにしても、当時は、スクーバ・ダイビングなんていうものは別世界のものだった。

そんな一九六〇年代以降、キミオはスポーツダイビング、レクリエーションダイビングというカテゴリーを見事に確立してしまった。キミオはBlue Lagoon Dive Shop（ブルーラグーン・ダイブ・ショップ）というお店を作ったのだ。一九七三年のことだった。ダイブ・ショップとは言うものの、ベニヤ板の壁にトタン板の屋根をのせただけの小屋だったが、キミオの新たな船出だった。ビジネスという大海原への船出だった。キミオはアメリカやオーストラリアから観光目的でダイバーを招き、トラック島にたくさんある沈没船に潜らせて楽しませようと考えたのだ。

ビジネスマン・キミオの勘は、みごとに的中した。今でこそ、ボクもダイバーとして世界中の海を巡った。だけどトラック島ほど多くの沈没船が美しい状態で眠っている海は、他に例を見ない。アメリカの近辺には、例えばフロリダ・キーズ、カリブ海などの美しいダイビングスポットはたくさんある。オーストラリアにしても、グレートバリアリーフ、ゴールドコーストなど、世界的に有名なダイビングスポットがある。それだからこそ、スポーツダイビング、レクリエーションダイビングの先進国だ。だけど、かの国々のダイバーたちが身近に体験できないダイビングがあるのだ。それはWreck Dive（レック・ダイブ＝沈船ダイビング）だ。かれらの身近に、手頃な沈没船はなかったらしい。そこにキミオは目をつけたのだ。彼の悲しい思い出だったトラック島の沈没船が、彼にまたとないビジネスチャンスを与えてくれた。多分それは、この海に眠っている戦友たちからの贈り物だったのだろう。

キミオのダイビング・ビジネスはぐんぐん成長していった。アメリカ・オーストラリアのみならず、今ではヨーロッパからも40時間もかけて飛行機を乗り継いで、多くのダイバーが訪れるようになった。いつのまにかトラック島で一番のお金持ち（多分？）になっていた。各国のメディアに取りあげられ、次第に有名人になっていった。ダイビングをスポーツやツーリズムの次元で普及させた。でもキミオは奢らず、高ぶらず、いつも質素だった。キミオの心の中心を占めているのは、あの戦友たちとの日々だった。そのことは生涯変わりがなかった。だからキミオは、殊の外日本人に親しみを感じてくれた。キミオはボクたちと沈没船を潜りに行くとき、いつも花束や日本酒を持っていった。やがてキミオは、私費を投じて多くの沈没船に、その船にちなんだ顕彰碑というか慰霊碑を作り、ダイブ・ショップのスタッフの手を借りながら、自ら潜ってそれぞれの船の甲板に設置してまわったのだ。気がつけば太平洋で最も偉大なダイバーと賞賛されていた。しかし運悪く一連の無理なダイビングが祟ったことと、持病の糖尿病のため、晩年のキミオは歩行がかなり困難だった。

これもキミオのダイブショップのマーク。「ECI」はイースタン・カロリン・アイランズ。ミクロネシア連邦として独立する前のこの地域の呼称だ。キミオは「TRUK」という名前に強い愛着を持っていた。

## Boss（ボス）

おっと、ここまで話をしてきたけど、ひとつ忘れていることを思い出した。ボクが何者か、っていうことだ。まっ、ボクのことなんかどうでもいいんだが……とりあえず話しておこうか。

スクーバ・ダイビングに憧れていた悪ガキが、実際にダイビングを始めることができたのは20代後半になってからだった。当時ボクは女子高の教師をやっていた。先生などというのは、どちらかというとアタマが固い人種だ。ダイビングはそんなボクにとって、とても新鮮だった。もちろん水中世界が魅力的だったこともあるんだが、ダイビングスクールで出会ったインストラクターが新鮮だった。Boss（ボス）という愛称で呼ばれていた。当時既に50代中盤にさしかかっていた彼は、20代だったボクよりも柔軟な発想で、自分の価値観に素直に従い、自分の人生を謳歌していた。まさに「自分の人生を生きてますよー」という生き方だった。普遍妥当的価値基準を遵守することに全エネルギーを傾注する教師という人種には、ボスはまぶしい存在だった。

ボクは当時、Bossに心酔しながらダイビングにのめり込んでいった。あるとき、そのBossに言われた。「ミクロネシアのトラックに行ってくるといい。アキオさんのダイビングの世界が広がるから」。確か、Bossにそんな風に言われた。このとき、Bossはすでに十数回もトラック島に通いつめていたのだ。ボクはキミオと後にボクの義兄弟となるキミオの息子のグラドヴィン（ボクらはアッピンと呼んでいる）を紹介された。現地に着いたら彼らを頼れと。当時ボクは、すでに、アメリカで発行されているダイビング・ジャーナルを読んでいて、キミオの名声について知っていた。「そうか、あの、有名人に会えるのか……」期待が膨らんでいた。一九八七年の夏のことだった。

ボクたちが念願のFanannan島に上陸すると、キミオが待っていてくれた。

# Fanannan（ファナンナン島）

かなり前のことになるが、ある夏、ボクはトラック島に向かう飛行機の機内誌の中にキミオの記事を見つけて読んでいた。“Wonder of The Deep（深海の佳境）”とタイトルがついていた。その記事の冒頭部分が、ボクにはとても共感が持てて印象的だった。何ていう名前だったか忘れたが、その筆者はこんなふうな表現で記事を書き出していた。

「ミクロネシアを旅する旅行者に最も必要なのは忍耐力だ……」

これはゼッタイに当たっている！　ボクも120％賛成だ。例えば飛行機の出発時間の遅延は当たり前。隣の島を飛び立った飛行機が到着時間になってもまだ着かない。心配になってエアーラインのスタッフに尋ねると、またいつもの聞き飽きた答えが返ってくるのだ。「（隣の島を）もう飛び立った」。

おまけに客を待たせているにもかかわらず不機嫌な仏頂面だ。1時間後にまた同じ事を質問すると、答えは「もう飛び立った」、6時間後に質問しても「もう飛び立った」だ。隣の島からの飛行時間はたったの80分なのに……。

レストランに行っても同じこと。客のオーダーを聞いてから、魚を釣りに行っているにちがいない。肉をスーパーに買いに行っているにちがいない。ゼッタイそうにちがいない！　何しろ飢餓状態で意識がもうろうとしてくる頃、ようやく料理が出てくるのだから。

あの頃、ボクたちには、もうひとつ耐え続けていたことがあった。それはFanannan。Fanannanと言っても多くの人は何のことか分からないと思う。それはボクたちのお気に入りの無人島の名前だ。前にも言ったように、トラック島というのは、珊瑚礁に囲まれた島々の総称だ。その中でも空港があり、ホテルがあり、現在の中心となっているのはウェロ島（日本統治時代は春島と呼ばれていた）だ。そこのホテルの桟橋からモーターボートを南に走らせる。ほどなくキミオの家のあるトロアス島（日本名は夏島）の大きな島影を左に見て、そのまま真南に進む。しばらくすると左前方の水平線にゴマつぶのような小さな島影が見えてくる。近づくにつれ、その島の可愛い容姿に期待が高まってくる。それがFanannanだ。

島の近くまで行ってボートを停める。そこはまるでおとぎ話の世界のようだ。インディゴブルーの深い海から、ビーチ近くのコバルトブルーまで、青のグラデーションが連なる。その先に真っ白な珊瑚砂のビーチがまぶしく輝いている。よく見るとコバルトブルーの海の底には白い枝珊瑚がびっしり群生している。深みに向かうにつれて、その珊瑚たちはインディゴブルーのグラデーションに飲み込まれていく。そして何より島そのものが可愛いのだ。真っ白な珊瑚砂のビーチだけでできた丸い島。一周歩いても2分とかからない小さな島。他の島々にはジャングルのように木々が生い茂っているのに、どういうわけかこの島には低木がない。島全体がすっきりと珊瑚砂で輝いていて、そこに10数本のヤシの木がそびえている。ハゲ頭に髪の毛が3本立っているというようなキャラクターを、マンガで見かけることがあるが、その髪の毛が10数本に増えたところを想像すればいい。何ともかわいらしい島なのだ。

ボクたちは、一九八八年に初めてFanannanの周りを潜りたいとキミオにリクエストした。でも、だめだった。トラック島では、土地の所有権がとても厳格に保護されている。ましてその所有の考え方が、日本や欧米の近代的な所有の概念とはまったくちがう。まるで日本の中世の荘園のような複雑な権利関係が今でも続いているのだ。そして小さな島々は、しばしば“Close(クローズ=閉鎖)”となることがある。たとえば、所有者の親族が亡くなり喪に服する期間、島をクローズにするらしい。これを守らず、所有者の許可なく島に立ち入ったり、許可なく周囲を潜ったりすると、とんでもなく厳しい責任を負わされるのだ。その年、Fanannanはクローズだった。

キミオはいつも、ボクたちのトラック島滞在の最終日に、盛大にパーティーを開いてくれた。その年、その席で、キミオは巻き舌の流暢な日本語で「来年はだいじょうぶだよ。Fanannan潜れるようにね、準備をね、しておくよ」。当時のキミオは、観光ダイビングという分野の草分けとして、すでに世界的に有名になり、島でも有数の実力者になっていた。ボクたちは、キミオのこの言葉を糧に、日本での300数十日を生きた。そして、翌年の夏再びトラック島に旅だった。しかしこの頃キミオは、さっき話したエアーラインのスタッフの「もう飛び立った」状態になっていた。相変わらずFanannanはクローズ、キミオは「来年は大丈夫だよ」。そして次の年に期待しても、またクローズ。キミオは……。

ミクロネシアでの口約束は絶対に信じない方がいい。これはボクたちが体験的に身につけた教訓だ。それでもキミオは違った。彼は言ったことは絶対に守る男だ。そのキミオにとって、自分がエアーラインのスタッフの「もう飛び立った」状態になっていることは、かなり不本意だったのだろう。ついにキミオは究極の手段に出た。これにはボクたちもびっくりした。

その年の夏、例によって、ボクたちはトラック島に降り立った。空港にはキミオの親戚のリッチーが迎えに来てくれた。彼はキミオの経営するブルーラグーン・ダイブショップのマネージャーをやっている。ホテルに着くと、リッチーが、ミクロネシア訛りが強すぎてわかりにくい英語で、「明日の朝ホテルの桟橋にボートをまわすから、Fanannanに行ってくれ。キミオが待っているから」。「うっそおー、マジ？　ヤッたぜい！」、ボクは思わずホテルのロビーで叫んだ。

翌朝、ボクたちのボートはFanannanに向かう。トロアス島を過ぎて南へ向かう。この風景をみていると、「ああ、帰ってきた」とホッとする。ボクの心の原風景だ。30分ほどでFanannanの青のグラデーションにボートが滑り込んでいく。だが今年のFanannanはいつもと違った。まぶしい白い砂浜とヤシの木だけの小さな可愛い島のはずだったのに、何かがある。近づいてみるとそれは、ヤシの葉で屋根を葺いた野宿用の粗末な掘っ建て小屋だった。島にあがって中を覗くと、小屋にはキミオと奥さんがいた。食料品や調理具をもってキミオはこの島で野宿していた。海を見ながら簡易ベッドに横になっていた。1年ぶりにボクたちの姿を見て、キミオは例の巻き舌の流暢な日本語で言った。

「ボクね、この島をね、買っちゃったよ。これでね、いつでもね、好きなときにね、潜れるでしょ」

キミオの愛情の深さに言葉を失う……。

キミオとその甥っ子でボクの悪戯仲間のチェニー。ボクは、この席でササイ小隊長の消息探しを頼まれた。

## ササイ小隊長

ボクはウェロ島のレストランでキミオと食事をしていた。Restaurant TAKARAJIMAでのことだ。現在トラック島で生活している数少ない日本人のうち、最も早く現地に根付いた大矢勇さん、信子さん夫妻が経営している。自らコンクリートを打設するところから始めてコツコツ作った宝物のようなレストランだ。この人たちがいなかったら、ボクたちはトラック島に長期に滞在することはできなかった。なぜなら慢性的な食糧品、特に野菜不足で栄養が偏って滞在そのものが苦痛になっていたのは必定だ。ある時、日本から来た青年海外協力隊の隊員から聞かされた。かれは現地人の家にホームステイして仕事をしているのだそうだ。夕食が毎晩フライドチキンで、「任期を全うする自信がないっス！」。

このような食糧事情の中、大矢さんが自ら調達してきた食材で作ってくれる「大矢弁当」と、このレストランでの夕食で、ボクたちの栄養バランスがようやく保たれているのだ。大矢ご夫妻こそが、ボクたちとキミオの数々のドラマの陰の立役者なのだ。

さて、TAKARAJIMAでキミオやその従兄弟でダイブショップのマネージャーのリッチー、そしてボクたちの話が盛り上がったころ、突然あのミクロネシア人特有の巻き舌の流暢な日本語でキミオが語りだした。

「オカダさん、日本に帰ったらね、ササイ少尉探してよ」

「誰ですかその人」

「ボクの小隊長ね。夏島（トロアス島）にいた第69聯隊のササイ小隊にボクはいたよ」

前に話したように、こんなことを言っていたがキミオは帝国陸軍の軍人じゃなかった。皇国教育を受けた現地の軍国少年にすぎなかった。後に「太平洋で最も偉大なダイバー」と呼ばれた、ダイビングの世界では世界的に有名なキミオ・アイザックの少年時代、ここチュークはトラックと呼ばれ日本の連合艦隊の前進基地であった。十代の多感な時期をキミオは太平洋戦争のまっただ中で過ごした。夏島（現ミクロネシア連邦チューク州のトロアス島）の陸軍守備隊や海軍の修理工場が彼の遊び場であった。その中でもとりわけ彼を可愛がったのがササイ小隊長やその部下の兵士たちだった。当時、陸軍の69聯隊では物資が不足していた。にもかかわらず小隊には砲台や機関銃座を建設するよう命令が下った。しかしセメントがない……機関銃がない……。そこでキミオの出番だ。基地内が彼の遊び場だ。どこの倉庫に何が置いてあるのか彼は熟知していたのだ。そこで小隊は困った時はキミオに頼む、「おい、セメント持ってきてくれよ」。すると次の朝、公式には「無い」はずのセメントがちゃんと届いているのだ。そしてキミオは小隊の連中に褒められた。これは帝国軍人に憧れるキミオに大いなる達成感を与えた。ボクはこの話を後に消息を確認できたササイ少尉から直接聞いた。その後、トラック環礁の暗礁を熟知しているキミオは、水先案内人として艦艇を投錨地に誘導したり、補給物資を艦艇に運んだ。

一九四四年2月17日、アメリカ軍は「Hailstone」作戦を敢行した。日本の連合艦隊の前進基地であるトラック環礁への奇襲攻撃だ。日本側はこれを事前に察知していた。連合艦隊の旗艦大和をはじめとする主力艦隊はトラック環礁を避難していた。戦闘能力の低い輸送艦や特設巡洋艦などが残るのみだった。飛来するアメリカの艦載機が投下する魚雷に日本の艦艇が次々に轟沈していく。キミオが親しくしていた水兵達が、愛国丸の甲板から高射砲や機関砲で応戦している。彼はそれを夏島（トロアス島）のクチュアの高台で見ていた。不幸にも魚雷が命中した愛国丸は大爆発を起こし後ろ半分が吹き飛ばされた。それでも高射砲や機関砲は艦が海中に没するまで火を吐き続けたという。戦後、ハワイに渡ったキミオはアメリカ海軍でスクーバ・ダイビングの技術を修得した。一九六八年、彼は故郷のトラック環礁に戻り、水深60ｍの海底で愛国丸の戦友達と再会した。

一方、アメリカは「Hailstone」作戦で日本の航空兵力を壊滅させ制空権を奪った。これで彼らの目的は達成された。トラック環礁は太平洋で孤立したのだ。もはやアメリカは上陸作戦を敢行する必要は無かった。それ故、陸軍の各部隊は玉砕を免れた。しかしその時から彼らの新しい戦いが始まった。新たな敵は、毎日お定まりの時間に飛来する数機の米軍機ではなく、飢餓であった。ササイ小隊は、トラック環礁夏島の急峻なトルモン山の中腹に設けたトンネル状の高射砲陣地でアメリカの奇襲に応戦した。その後、そこで自給自足をしながら小隊は終戦を迎え、米軍による武装解除まで、その山を降りることはなかったという。なぜそれまで一度も降りてこなかったか……。ササイ小隊長にボクは聞いた。あまりにも単純な答えがボクの胸にずしっと重くのしかかった。「そう命令されなかったから」だそうだ。

陸軍第69聯隊の聯隊司令部は富山市にあった。今の富山大学の敷地がそれだった。ボクは友人の奥方に富山での消息の調査を依頼した。彼女は富山市出身で仕事の関係で東京と富山を頻繁に往復している。きっと現地の人間関係をたどって手掛かりを見つけてくれるだろう……と単純に考えていた。ほどなく彼女が富山市役所でササイ小隊長の消息をつか

ササイ小隊長ご夫妻、小隊長の弟の史郎さんと澄子さんご夫妻とキミオ。
キミオが夢に描いた時間が今、現実のものとして流れていく。

んでくれた。ササイ小隊長は篠井（ささい）欽治氏というのが正しい名前だった。意外にも東京に住んでいた。

・・・・・・・・・

「もしもし、篠井（ささい）さんのお宅でしょうか。恐れ入りますが篠井欽治さんはご在宅でいらっしゃいますか？」ボクは緊張していた。電話に応対したのは上品な高齢の女性だった。奥さんだろうか……。

「あの、どちら様でいらっしゃいますか？」

明らかにボクは警戒されている。きっと戦友会に取り入る詐欺師くらいに思われたのだろう。

「オカダと申します。実は初めてお電話さしあげたんですが……」

苦労した、ホント苦労した。この女性の警戒心を解いて、篠井小隊長を電話口まで出してもらうために、トラックにキミオという人物がいること、彼と篠井欽治氏は戦友であること、そのキミオが篠井氏に会いたがっていること、ボクとキミオは家族同然であること……さんざん説明してようやく理解してもらった。

「もしもし、篠井ですが」。今度はやたら声の大きい（実は少し耳が遠くなっていた）元気な老人が電話口に立った。さきほどの淑女に説明したことを、ボクはもう一度最初から説明しなければならなかった。後日、篠井夫妻がボクに語ってくれた。この時、電話を切ったあと、篠井さんは涙が止まらなかったそうだ。キミオが元気で生きている、そして自分のことを覚えていて会いたいと思ってくれている。

こうして、ボクたちと「欽治じっちゃん（篠井小隊長にボクたちが勝手につけた愛称なのだ）」との付き合いが始まった。欽治じっちゃんも従子（よりこ）夫人も、ボクや仲間のことを家族のように可愛がってくれた。

ササイ小隊長、50年ぶりのトロアス島（夏島）上陸。愛用の杖で、アメリカ軍の戦闘機の進入経路をみんなに教えてくれた。

## トルモン山、再び

「よいしょっ、50年ぶりの上陸だよ。はぁぁ……」欽治じっちゃんは、その世代の人の中ではかなり大柄だ。大柄なゆえに膝が弱っていた。70歳を過ぎたそのじっちゃんが小さなボートから桟橋に上がるのは大仕事だ。ボクの手を掴み、半ば引き上げられてじっちゃんは50年ぶりの夏島に上陸した。ここはミクロネシア連邦チューク（トラック）州のトロアス島、第二次大戦までは日本海軍の連合艦隊の前進基地であった。当時はトラック諸島の夏島と呼ばれた。じっちゃんは富山に駐屯していた第69聯隊の少尉で、小隊を率いてこの島のトルモン山のトーチカ（砲台）を守備していた。

・・・・・・・・

「オカダさん、今度トラックに一緒に行ってもらえないですか?」じっちゃんにこう切り出されたとき、ボクは喜んだ。彼の目に今のトラックがどのように映るかが知りたかったからだ。どうせ夏には我々のダイビング・グループ恒例のトラック・ツアーがある。ボクはじっちゃんたちをつれて一足先にトラックへ発ち、現地で彼らを案内した後、自分は現地に残って彼らを送り出し、後発でトラック入りした仲間と合流すればいいやと簡単に考えていた。

しかし現実は甘くはなかった。じっちゃんは従子夫人、弟の史郎さんと澄子夫人の４人でトラックを50年ぶりに訪れることにした。気がつけばボクは戦友御一行の戦地再訪ツアーのツアー・リーダーにされてしまったようなものだ。これは想像以上に大変な仕事だ。なにしろ英語に全く縁の無い彼らに代わって全員の入国申請書を英語で書き、税関で入国審査の通訳をして、身の回りの世話をするところから始めなければならなかったからだ。

・・・・・・・・

小さなトラック島の空港では、キミオが彼の経営するダイビングショップのスタッフを引き連れて待っていた。彼を見つけたじっちゃんがちょっと頼りない足取りで杖をつきながら歩み寄る。キミオも、さぞかし歩み寄って手をとりたかったことだろう。しかし彼は壁によりかかってようやく立っているのだ。往年の潜水病と着実に悪化している糖尿病のため、めっきり足が弱った。普段は歩行器を使ったり、車椅子に乗っていることもあるのに、じっちゃんの来訪を迎えるのに歩行器を見られたくなかったんだろう、自分の足で立っていたかったのだろう。キミオは空港の壁によりかかりながら立ってじっちゃんを迎えた。キミオはそのあともずっと、ダイビングショップのスタッフたちの肩を借りて立って過ごそうと努めた。軍国少年時代のかけがえのない思い出の第二幕が、今、まさに目の前で始まろうとしている。その中で自分が歩けないなどということは、キミオには受け入れがたかったのだろう。

「誇り高きマイクロネシアン、もうそんなに無理しなくっていいんだよ。ボクたちは、あなたの誇りをよくわかっているから」

キミオのホテルの中庭には、ヤシの林とその足元によく手入れされた芝生が広がっている。朝日を受けて、鳥たちのさえずりをバックにそれらすべてが黄金色に輝く。

# 万朶《ばんだ》の桜

ホテルの部屋で、朝日が覚める。ヤシの林に戯れる小鳥たちのさわやかなさえずりにまじって窓越しにかすかな船のエンジン音が聞こえてくる。地元の人々の通勤のモーターボートの音だ。部屋のカーテンを開けると、ホテルの白いビーチの向こうにコバルトブルーのグラデーションが広がる。その中をボートが白い航跡をまっすぐに引いて横切っていく。こうしてトラック島の朝が始まる。ボクはベッドの上でゴロゴロしながらこの光景を楽しむのが滞在中の日課だ。だけど多分、きょうはそれが許されないだろうなあ……と思っていると、やっぱりベッドサイドの電話が鳴った。「ネソランニム（おはよう）」、と電話に出るとキミオだった。「オカダさん、小隊長とダイニング来てね、朝ゴハンね」。

欽治じっちゃん御一行を連れてダイニングに行くと、キミオ主催の朝食会の用意が整っていた。キミオは何年も夢に描いていたこの時を迎えて、満足げな表情でホストの席についていた。ボクはじっちゃんを主賓席にエスコートした。いよいよキミオと欽治じっちゃんの青春第二幕が始まる。

ボクは、正直に言うが、この朝食のことをあまりよく覚えていない。ずっと気になっていた。キミオもじっちゃんも足が弱っている。ホテルの桟橋からブルーラグーン（キミオの経営するダイビングショップ）の小さなモーターボートに乗り移れるか。じっちゃん御一行が慣れないモーターボートで酔わないか。ホテルのあるウェロ島（日本時代は春島）とトロアス島（日本時代は夏島）は隣同士でモーターボートなら20分とかからない。だがこの間の海は貿易風の通り道になって波が高いことがしばしばだ。トロアス島のクチュア村のキミオの家はマングローブ林の奥の浅瀬に面している。引潮だとボートは岸まで入っていけない。だがそんなことはすべて杞憂に終わった。ブルーラグーンの屈強なスタッフが何人もサポートに来てくれたからだ。

キミオの案内でトロアス島に向かう。さすがブルーラグーンのスタッフたちだ。風と波の穏やかな島陰をうまく伝って、キミオの家のあるクチュアではなくトロアス島南部の旧日本軍の水上飛行機基地跡の桟橋に着いた。そこには島に4台しかないトラック（これは島の名前じゃない、クルマのトラックだ）のうち2台が我々を待っていた。この基地跡は欽治じっちゃんが守備していたトルモン山の真下にあたる。上陸したじっちゃんがまずやったことは、愛用のステッキをかざして「これとこれの間からこう入ってきて、ワーッと急降下してきて、機銃掃射してあっちへ抜けていった」と米軍機の攻撃経路を皆に説明することだった。

キミオは旧雷撃隊基地跡へ一行を案内し、「雷撃隊の基地だった」「あのー、人間魚雷をね、教育ここでした」。トラック語は強い巻き舌で発音する。だからキミオの日本語のら行は独特の発音になっていた。ボクは、いつもはその響きを心地よく聞いていた。だがこの言葉のら行は心に突き刺さった。きょうのキミオは長年使わなかった日本語の軍隊用語を一生懸命思い出しながら言葉を選んでしゃべっている。ボクにはそれがわかる。意外なことにじっちゃん（篠井小隊長）はこの基地の存在を知らなかった。後で聞いた話だが、それもそのはずで、本土からトラック島の夏島（トロアス島）に到着した夜は、トラック海軍病院前のマンゴーの大木の下で野営をした。しかしその後は終戦を迎えて米軍による武装解除の時までずっとトルモン山の上にいたのだそうだ。キミオ一行は、ほどなく旧日本海軍の燃料タンクにたどり着いた。戦艦大和や武蔵に燃料を供給した巨大なタンクが3つ真っ赤に錆びてジャングルから顔をのぞかせている。しかしそのうち2つは一九四四年

2月米軍の〝Operation Hailstone（雹作戦）〟で炎上したために溶けてグニャグニャになっていた。じっちゃん一行はトラックの荷台に腰をおろしたまま、言葉を失い、ただ茫然と見つめていた。トルモン山の上から見たあの日の下界の凄惨な状況を、今実感しているのだろう。

・・・・・・・・

キミオやじっちゃん一行の乗ったトラック隊はクチュアのキミオ家に到着した。家では親類総出で歓迎昼食会の準備が進んでいた。家の前の差し掛け屋根の下では、現地料理が用意されていた。大きな石をたき火でチリチリに熱して、その上に幾重にもバナナの葉で包んだブタを乗せて蒸し焼きにする。飼っている豚を屠るのは最高のもてなしだ。

豚が蒸しあがって、バナナの葉が一枚一枚剥がされていくのを、みんなが取り囲んで見ている。みんなが豚に目を奪われている傍らに、ひとりの島民が無言で現れた。紺色のキャップをかぶり着古したアロハを着ていた。キミオと同世代の彼に、ボクは面識がなかった。

「小隊長、トミオです」。キミオがじっちゃんに説明していた。聞けばキミオの幼な馴染で一緒に篠井小隊の隊員たちに遊んでもらっていた仲間だという。

じっちゃんもトミオさんも、お互いにすぐにそれとわかり強く手を握り合う。キミオとちがいトミオさんは日本語を忘れてしまったため、歓びがことばにならない。じっちゃんを見つめたまま、その手を両手でしっかり握りしめている。両手で握ったじっちゃんの手を自分の頬に強く押しあてて、いつまでも動こうとしない。じっちゃんはずっとその間、孫を愛おしむような優しい目をしていた。見ているボクも涙が止まらない。言葉なんかいらない。人と人が繋がるということは、幾千の言葉を弄するよりも、心で向き合うことなんだ。

・・・・・・・・

昼食会が始まった。じっちゃんの隣にトミオさんが座った。トミオさんがじっちゃんを見つめる。二人の目が合う。見つめ合いながらトミオさんがじっちゃんの手を握る。こんな光景がずっと続いた。

会が盛り上がったころ、キミオが歌いだした。その顔の幸せそうなこと。

万朶（ばんだ）の桜か襟の色
花は吉野に嵐吹く
大和男子（やまとおのこ）と生まれては
散兵線（さんぺいせん）の花と散れ

トロアス島のキミオ家での歓迎会。前列左からトミオさん、キミオ、篠井小隊長・従子（よりこ）夫妻、キミオ夫人のタエコさん。従子夫人の後ろに小隊長の弟の史郎さん、その左に澄子夫人。

「万朶の桜」という軍歌だそうだ。それを聞いたじっちゃんは、「はー、そうだ、そうだ！いやーぼくは『散兵線の花と散れ』という文句忘れちゃってたんだよ」と歓声をあげた。

それを聞いたキミオはすかさず、「あのね、この小隊長はね、この歌忘れてたよ」とおどけて見せた。これには一同大爆笑だ。

「キミオさん、とってもいい時間だったね」

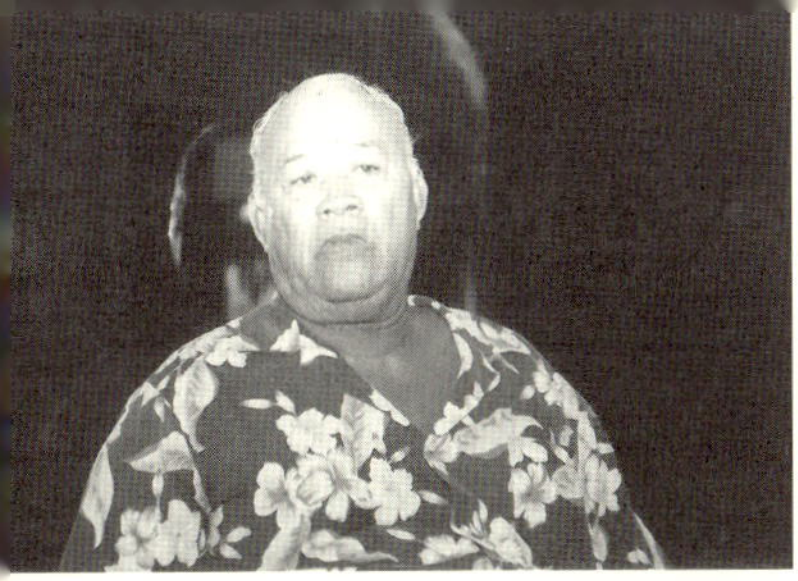
最晩年のキミオ。往年の潜水病と糖尿病でほとんど歩けなくなり、1999年には脳梗塞で右手も利かなくなった。

# Old frog man（老フロッグマン）

いつのまにかトラック島は沈船ダイビングで世界的に有名になっていた。同時にキミオ・アイザックの名は、スポーツ・ダイビングの先駆者としてダイビングの世界では知らない者がないほど有名になっていた。しばしばアメリカやオーストラリアのメディアに登場していた。ミクロネシアの海を愛するダイバーにとって彼は神様のような存在だ。そして今では世界的に有名なダイビングショップとトラックで最も美しいホテルのオーナーだ。

しかしボクにとってキミオは父親のようなものだ。ボクはさっき話したFanannanのできごとで、海よりも深い彼の愛情を知った。そしてキミオは、ボクに、ボクの人間としての原点を教えてくれた。そしてミクロネシアの海の美しさを、そしてそのハードな海でのダイビング技術を仕込んでくれた。

そしてキミオのファミリーはいつもボクを“welcome home!”と迎えてくれる。ふるさとのないボクにとってここは故郷と呼べるところなのだ。しかし気が付くとボクがキミオと一緒に最後に潜ってからもう十年が過ぎた。いつのころからか足が利かなくなり始め、ダイビングが困難になりはじめたのだ。若い頃の無理な潜水がたたって減圧症の後遺症で苦しみ、年と共に糖尿病も悪化していた。一九九九年の脳梗塞の発作で右手も動かなくなった。

二〇〇〇年4月、キミオの息子でボクの義兄弟のアッピンが来日した。ボクは彼からキミオのメッセージを受け取った。アッピンはボクに重々しく、「これからキミオからのメッセージを伝える」と話をきりだした。

「死ぬ前に会いに来てくれ……」

ボクは女子高の教員として社会人デビューした。だけど教員は勉強が必要だが勉強する時間が取れない仕事であるという矛盾した真理を知らずに教員になってしまった。生徒から質問される、もっと勉強しておけばもっとよく教えられたのにという後悔が生まれ、それが勉強したい、学問したいという慟哭に変わる。そんな時、前に「Boss」のところで話した自分の価値観に素直に生きて輝いているダイビングの師匠と出会った。ボクもそう生きたかった。そしてふーさん（うちの奥さん）に相談した。反対はされなかった。ボクは学校を辞めた。30歳を過ぎてから大学院の学窓に復帰して研究に没頭し始めた。乾いたスポンジが水を吸収するがごとき勢いで知識を吸収していった。それが快感だった。でも自分はいったいこの先どうなるんだろうという不安が常に付きまとっていた。

辛いとき苦しいとき、ボクはいつも「だめだったらミクロネシアの海に戻ってくればいい」というキミオの言葉を思い返していた。彼は黙ってグアム銀行の彼の口座とお金のおろし方までボクに教えてくれていた。そこにはキミオや彼のファミリーがいて、夢のような美しい海と島々があり、ボクを心地よく包み込んでくれる。それがボクの原点であり、ボクのアイデンティティーそのものだ。そしてそこでは時間の流れも止まっているかのごとく錯覚していた。しかしキミオは73歳になっていた。

・・・・・・・・

二〇〇〇年7月25日、ボクは3年ぶりにトラックへ降り立った。キミオのホテルの一室、大柄な老人が巨大なお腹を天井に向けてベッドに横たわっている。彼はボクの手を握りしめて放そうとしない。唯一彼がまだ動かすことのできる左手でボクの手を握り、握る強さを何度も変えてはボクの手の感触を確かめている。

「キミオさん、戻ってきたよ。何も心配しなくていいよ。ボクがここにいる間、ボクの時間はあなたのものだから」。

# Table Coral(テーブルサンゴ)

朝目覚めると、カーテンの向こうにこの風景が広がる。水平線を走るボートの音が、目が醒めきれないボクのアタマをくすぐる。

小鳥のさえずりに目を覚ますと、沖合を走るボートのエンジン音が遙かに聞こえてくる。部屋のカーテンを開ければ、目の前のヤシの木々からは朝日で黄金に輝く朝露がしたたり落ち、その向こうに白い砂浜とコバルトブルーからインディゴブルーへと連なる遙かな青のグラデーション、ふと「ボクはトラックにいるんだ」という当たり前のことを思いだし幸せな気分にひたる。しばし再びベッドに横たわり海に見入っている。その水平線にはウドット島が見え、通勤する島民たちのボートが青のグラデーションに一筋の白い横線を描いていく……。

これが普段のトラックでの目覚め方だ。だけどこの数日は違った……風でヤシの葉が揺れる音で目覚め、カーテンを開くとヤシの木々が幹まで揺れている。鉛色の海に大きな白波が立ち、「またかよ……」と落胆してベッドに戻ると屋根の雨音が追い打ちをかけてくる。ウェザーリポートによると熱帯性低気圧が停滞しているのだそうだ。だけど、そのおかげで朝寝坊の毎日……。半年間の殺人的スケジュールで失った睡眠時間を一気に取り戻した感じだ。昨日からは夕方2時間の筋トレも再開したし……昨日朝には後発のナオコが到着した。ミクロネシア仲間だけど彼女はトラック島は初めてだ。強運の持主で彼女がいて天候が悪かったためしがない。

「今日も天気悪いんだろうなあ……」ヤシの葉音で目を覚まし、カーテンを開けてみる。何と青のグラデーションが広がっていた。沖には若干の白波が立っている。まだ強めの西風が残っているがこれなら今日は船を出せそうだ。こんな予想の裏切りならいつでも大歓迎だ。この西風ならホテルのあるウェロ島の島陰を伝って風を避けながらNorth-East Pass（北東水道）に行こう。行きは追い風になるから、ボートが揺れるのは島陰を出てパスに到着するまで長くても30分程度だろう。リーフ（珊瑚礁）の外洋側（アウトリーフ）に到着すれば、そこは珊瑚礁が織りなす自然の堤防が風を防いでくれて海は穏やかなはずだ。「トロアス島」で話したように、トラック環礁は阿蘇山のような外輪山が海面すれすれに沈んでできている。その外輪山が海の中で珊瑚礁になった。それが自然の堤防になっているのだ。North-East Pass（北東水道）はこの外輪山というか珊瑚礁の北東側にできた裂け目なのだ。裂け目といってもけっこう大きくて、第二次大戦中は戦艦大和もこの水道からトラック環礁の中に入っていった。ボクたちは北東水道付近の外輪山の外側の斜面に潜ろうとしていた。

よし、今日はこれで決まり！　早速リッチーに電話してボートを手配してもらうことにした。ブルーラグーン・ダイブショップの桟橋に行くと、例によってリッチが「忙しい、忙しい」とボヤきながら飛び回っていた。今日のボクたちのガイドはニック、オペレーター（操船担当）はミカだ。ニックはこの7、8年、ボクたちがアウトリーフに行くときは大抵付いてきた。トラックには世界中から多くのダイバーが沈船ダイビングを目的にやってくる。だけどボクたちはトラック環礁の外洋側の珊瑚礁（アウトリーフ）があまりにも美しいことを知っている。だからよくアウトリーフに出かける。沈船ダイビングとアウトリーフ・ダイビングでは技術が全く違う。トラックのダイビング・ガイドたちは沈船ダイビングのプロだ。だが意外と彼等はアウトリーフの地形やダイビング方法には通じていない。だがこの15年ほどの間に日本からトラックのアウトリーフを目当てに来るダイバーが増えた。そこで彼らもアウトリーフに精通する必要が出てきたのだ。そのためであろうか、ここ7、8年、ボクたちがアウトリーフに船を出すとガイドたちが「研修」にくっついてくる。その中にはいつもニックの姿があった。それだけじゃない、彼は日本人の客が増え始めてからは独学で日本語を学んでいる。いまでは簡単な会話は日本語でもオーケーだし、多分アウトリーフをガイドさせたらブルーラグーンで間違いなくトップだろう。

ボクとミカとのつき合いは一九八八年夏に始まった。この年ボクはまだ元気だったキミオと潜りに出かけた。ボクたちを乗せたボートがSalat Pass（皿島水道）目指して疾走する。ふと後ろを振り返ると小柄な痩せた片目の不自由な初老の男がタオルでハチマキをして操船している。その時トラック環礁は完全無風が数日続いていた。海は鏡のように真っ平らで水平線を境に上と下に全く同じ雲が浮かんでいる。線対称に空をくっきりと映しているのだ。Dead Calm（ベタ凪）だ。波が穏やかだとは言え決して喜べない、船乗りには危険な状況だ。なぜならあまりにも真っ平らな鏡のような海が空を映してしまうので水中の様子がわからない。暗礁があっても見えないのだ。暗礁に乗り上げたら船は座礁するか沈没するかだ。だが暗礁の位置はすべてミカの頭にはいっている。彼は自分の庭先を散歩するノリで楽々暗礁をかわしてサラットパスに向けて突き進んでいった。キミオは彼を信頼しきっている様子だった。ダイブ・ショップに戻ってアッピンに尋ねると、「ミカはナンバーワンさ」。

・・・・・・・

さあ、ボクたちの船の出航だ。到着して4日目ようやく船を出せる歓びでみんないいノリだ。左手にホテルのあるウェロ島、右手にキミオの家があるトロアス島を見ながら波の穏やかな島陰を進んでいく。しばらくするとウェロ島の高台にセヴィアー高校が見えてくる。ミクロネシア随一の名門校だ。ミクロネシア連邦だけじゃなく、マーシャル諸島共和国や北マリアナ連邦からも志願者が集まってくる狭き門だそうだ。この高校、校門を入ったすぐの花壇になぜかヤップ島の石貨が飾ってある。ヤップ島ではいまでも石貨はちゃんと貨幣として流通している。「きっとヤップ島出身の生徒が授業料に持ってきたんだろうな」などと、どーでもいいようなことを考えている。

島陰をでるとボートは俄に揺れ始めた。ミカは横波を食らわないようにボートの向きを巧みに変えながらひとつひとつ丁寧に波を越えていく。前方にはNorth-East Passが見えてきた。North-East Pass……前に話したように、日本統治時代には北東水道と呼ばれた珊瑚礁の切れ目だ。戦艦大和・武蔵を擁した連合艦隊はこの珊瑚礁の切れ目からトラック環礁に進入し、当時は春島と呼ばれていたウェロ島の沖合に停泊した。キミオの家があるトロアス島は当時は夏島と呼ばれ日本の陸海軍の司令部、病院から遊郭まであり、島民より日本人の方が多かったそうだ。キミオはそこで少年時代を過ごした、日本の軍人たちに可愛がられて。

ボクたちのボートはNorth-East Passから外洋にでた。予想通り海面は穏やかだ。そして何度も話している外輪山の外洋側の斜面の珊瑚礁に船のアンカーを打ち、いよいよ潜行開始だ。船べりから水深30m以上もある水底が見えている。ものすごい透明度だ。こういう海に出会うといつも思う。多分ダイビングに向かない資質は泳げないということよりも高所恐怖症ではないだろうか。なにせ水面からはるか下の水底が見えていて、潜行を開始すると空中遊泳をしているかのような錯覚にとらわれるのだから。船べりから見た水底にはおびただしい数のテーブルサンゴがその美しさを競っている。水底が深くなるにつれ、それは偉大な青のグラデーションの中に吸い込まれていく。

いよいよ今シリーズ最初のダイビングだ。機材を装着して船べりに海を背に座る。重いスクーバタンクを背負い不自由な格好で最終チェックをする。異常なし、いよいよエントリーだ。今までに何百回も繰り返してきたのに、色褪せることのない心地よい緊張が走る。そして背負ったスクーバタンクの重さでボクの体は背中から海に吸い込まれていく。次の瞬間、ボクのカラダは重力から解放されて偉大な青の世界に抱かれて自由に舞い踊る。

「ただいま、ボクのアトランティス！」

ゆらゆらと浮遊しながら水底までの「空中散歩」を楽しむ。North-East Passの水中は、外輪山だった珊瑚礁の外側から水深30数mの砂地に向かって幾筋もの尾根が張り出している。尾根と尾根の間には谷が広がっている。そこを泳いでいると、さながら山間部をヘリで飛んでいるような気分だ。泳ぐに従い尾根が近づき一つの尾根を越すと谷が広がり、その谷の向こうに次の尾根が見える。ただここが山と違うのは尾根にも谷にも一面にテーブルサンゴが広がっていることだ。それも直径が2m近くもある大きくて美しいテーブルサンゴが所狭しとひしめきあっている。海の底のフラワーガーデンといったところか。テーブルサンゴの下を覗くと、1m以上もあるまるまる太ったハタが休んでいた。真正面から目が合ってしまった。こっちが飲み込まれそうなほど大きな口にタラコ唇、ピンポン玉みたいに出っ張った両目、お世辞にも器量がいいとは言えないが愛嬌のあるヤツだ。

ふと谷の向こうの尾根に目をやると白い煙幕がたっている。カンムリブダイが珊瑚をかじっているんだ。よく目をこらすと「いた、いた」、畳一畳は優に越す大きさのカンムリブダイが4匹、なぜか一列縦隊で整然と泳いでいる。カンムリブダイはいつもカップルでいる。一生カップルでいる仲のいい魚らしい。巨大だけれどカワイイやつらだ。だけど近づかない方がいい。あいつら逃げる時にかならず白いウンチで煙幕はっていくから。図体がデカイだけにウンチの量も……。

一九八七年11月、チューク環礁をかつて経験したことがないほど巨大な台風が襲った。陸上でも多くの被害が出たが、海中も惨憺たるものだった。美しいテーブルサンゴや枝サ

ノースイーストパスの水底は、おびただしい数のテーブルサンゴのお花畑だ。

セヴィアー高校正面に飾ってあるヤップ島の石貨。ヤップから来た生徒の授業料？入学金？？

ンゴなど壊れやすい珊瑚のほとんどが破壊されてしまった。一九八八年夏、ここを潜ったボクたちは、あれほど美しかったフラワーガーデンが珊瑚の墓場になっているのを目の当たりにして言葉を失った。あれから10数年、ここの花園は再びその美しさを取り戻した。そしてその年月は、ボクたちがここでキミオに育てられ鍛えられた年月だ。そう、このテーブルサンゴたちはボクたちとキミオとのPrecious Timeの象徴なんだ。

空港に向かうボクたちをホテルのフロント棟前で見送ってくれたキミオ。これがボクがキミオを見た最後となってしまった。

## Wheel Chair(車椅子)

トラック島を去る日、ボクはいつも忙しい。お別れの挨拶をしなければならない人たちがいっぱいいるからだ。退職した空港長、教会の司教さんから、ホテルやダイビングショップのスタッフのみんな。誰もが気楽に"Ran Annim Akio"(ララン・ニム=こんにちは・アキオ)と声をかけてくれる。ボクとすれば「あれ、今の誰だっけ」っていうことも多い。向こうはボクのことを知っているらしいからまあいいや挨拶しとこうっていうノリと勢いでこの忙しい作業をこなすのだ。

午前中に1本ダイビングをしてホテルに帰り、あわただしく荷物の片づけにとりかかる。おおかた荷物がまとまったら、みんなに別れを告げに行こう。例によってこれが大仕事で、終わるともう夕食の時間だ。飛行機のチェックインまであと2時間。最後に別れを告げるのは、キミオとボクの義兄弟でキミオの息子のアッピンだ。

"Hey my bro, congratulations on your win !! It's my great honor having a brother who is a mayor !!（おい、当選したんだってな。兄弟が村長になったなんてスゴイ名誉だぜ！）" なんと、ボクの義兄弟は昨日の選挙でトロアス島の村長に当選してしまったのだ。これからは気楽にバカ言えないかな、なんて思いながらbig hug。でもそこにあるのはやっぱりいつものアイツの感触だ。やっぱりおまえはボクの"my bro."だよ。かれは選挙戦の疲れをモロに両肩に背負ってトロアス島に帰っていくところだ。今度は11月に日本で会おうな！

最後の挨拶の相手はキミオだ。ミクロネシアでのボクの親父、そしてダイビングの師匠、そしてボクの人生にものすごく大きな意味を与えてくれた人。例によって、物静かに、そして小綺麗に身支度を整えて車椅子でホテルのダイニングでボクたちを迎えてくれる。かれは誇り高きマイクロネシアン。いろいろなメディアの取材を受けたとき、いつもピシッと立って写真に映る。でもホントはもう歩行器なしに自力では歩けなかったのに……その彼がついに車椅子で人前に出ることになったのだ。それでも大丈夫、あなたの誇り、あなたの美学は健在だから。

「キミオさん、ボクがここにいる間、いつも一緒に食事をしたね。あなたはいつもピシッと身支度を整えて、見事なホストぶりだったよ。相変わらず、笑顔がかわいくって素敵だよ。だけど、ボクにはわかってる。キミオさんの返事の意味が。来年の5月に日本に来てくださいってボクたちはあなたを招待したね。あなたはうなずいたけど、あなたの瞳は『もう、日本まで行く自信ないよ』と言っていた」

「毎日夕食が終わると、ボクはあなたの車椅子を押しながらダイニングからあなたの部屋までおしゃべりしながら一緒に帰ったね。ボクにはあなたの返事の意味がわかってる。だからその時間がとても大切だったんだよ。だけど今日ボクは、あなたの部屋までは行けないんです。ホテルの玄関でお別れです」

「"Thank you for your hospitality. I'm really grateful（いろいろありがとうございました。心から感謝しています）"そんなありきたりなこと言いたくないよ。あなたはボクの親父だもの」

ボクは身をかがめる。そして車椅子の彼の上体を抱きしめる。彼を抱擁するのに身をかがめなければならないことに、ボクは歳月の厳然とした流れをいやと言うほど感じる。涙が止まらない。

「だいじょうぶ、またすぐに会いにくるよ、あなたに何かあるときは、ボクは必ずここにいるから」

大柄なキミオの肩に腕をまわして抱き寄せる。そう言いたかったけど、声にならない。

「さよなら」ミクロネシア人特有の巻き舌の日本語で、かれは喉の奥から別れの言葉を絞り出した。そして毅然とした態度でボクたちを見送ってくれる。

「誇り高きマイクロネシアン、あなたはボクの誇りです」

ボクはキミオの写真をテーブルに置いて演壇に立った。講演は、学生みんなの奮闘で大成功に終わった。大隈講堂のイルミネーションに映える雪が美しかった。

# 大隈講堂の雪

二〇〇一年1月4日夜半、突然、キミオが逝った。ボクはその年末年始の間、トラック島から飛行機で僅か80分しか離れていない隣のポナペ島で、ダイビング部の学生たちと「世紀を跨ぐダイビング・ツアー」をしていた。1月4日は、帰途、グアム島で現地に住む友人に久しぶりに会っていた。

翌5日、帰宅すると同時に我が家の電話が鳴った。義兄弟のアッピンだった。彼の嗚咽で英語がよく聞き取れない。

"Kimiuo passed away"

彼の言葉が信じられなかった。「Wheel Chair(車椅子)」のところで話した見送りのシーンがキミオの最期の姿となってしまった。ボクはキミオと約束していた。「あなたに何かあるときは、ボクは必ずここにいるから」、と。

でもこの時、ボクはキミオとの約束が守れなかった。1月20日に全国から先生方を招いて、シンポジウムを開催する準備をしていたのだ。そこでボクは、シンポジストとして、教育実践の方法論を教え子の学生たちと共に講演しなければならなかったからだ。シンポジウムのタイトルは「メディアを超えて」だった。しかし奇しくもそれは、ボクの「悲しみを超えて」のスタートとなった。

とりあえず、ふーさん（うちの奥さん）に先に弔問に行ってもらい、ボクはシンポジウムが終わってから、機上の人となる手配をした。そして、学生たちと共に、シンポジウムの準備に没頭することで悲しみを紛らわせた。当日、ボクは演壇の上にキミオの写真を置いて、講演した。

幸いにもシンポジウムは成功裏に終わった。その夜、成功の達成感に満たされた学生たちにメールを送った。なぜなら、ボクの胸の悲しみを、この日まで彼らに話せないでいたからだ。

・・・・・・・・

みんなおつかれ！

今日シンポが終わって、演壇の付近でみんなでhigh touchで決めたでしょ。何かとっても誇らしかった。学生とこんなことできる教員がいったい日本に何人いるんだろうと思って。あの瞬間のみんなの顔、とっても清々しくて、やり遂げた達成感に満ちあふれ素敵でした。ホント、ボクは素敵な学生に囲まれて幸せ者です！

大隈会館で懇親会が終わって、外に出てみんなで見た雪のなんと美しかったことか。大隈講堂のイルミネーションに雪が輝いていた。ボクの早稲田人生の中できょうほど早稲田が美しく輝いて見えたことはなかった。他の先生方まで巻き込んで写真とって、みんなに雪玉をぶつけられて……ほんの短い時間だったけどボクにとっては永遠の長さに感じられた。多分あの幸福感は一生忘れられないだろう。ボクに雪をぶつける瞬間のみんなの輝いた表情は、イルミネーションに輝く雪よりまぶしくて、清々しくて、美しかった。みんなで敢えて傘もささず、雪にふられながら駅まで歩いた道、もっと駅が遠ければなあとちょっとうらめしかった……あの時間が永遠に続けばいいと心から願っていた……みんなで何かをやり遂げるってその達成感が素敵なものだろうと想像はしていたけれど、あれほどまでとは思っていなかった。みんなにボクは永遠の長さに匹敵する幸福をプレゼントしてもらった。ありがとう！　ほんとうにありがとう！　と同時にいよいよボクたちの新しい研究会が本格的にスタートした。これからみんなといろいろ研究していける幸せ……今日ほど自分が教員やっていてよかったと思ったことはなかった。

みんな、どうか、これから書くことを静かに読んでください。

キミオ・アイザック、大柄で優しい目をしたミクロネシア人、スポーツダイビングの草分け、世界的に有名なダイバー、そしてボクの心の父……ミクロネシアの海の美しさを、そして厳しさをボクに教えてくれた。ボクを強いダイバーに鍛え上げてくれた。辛いことがあればいつでもトラック島に帰ってこいと、ボクがトラック島を訪ねると「お帰り」と、ボクの手を握りしめ迎えてくれた。学者として教育者として最も辛い時期、ボクは「ダメだったらキミオさんのところへ行ってダイビングガイドをやれば食っていける」って思って、彼を支えに頑張ってきた。かけがえのないボクの父親……。

1月4日キミオは心筋梗塞で亡くなった。ボートで病院へ運ぶ途中、船の上で亡くなった。キミオらしい最期だった。彼の愛したトラックの海の上で死んだ。57年前、彼の戦友の多くが死んでいったあの海へキミオも戻っていった……その時、ボクは彼の家から1000㎞しか離れていないグアムで友人に会っていた。どうしてその時トラック島に自分は居られなかったんだという強烈な後悔、慚愧の想い……日本に帰ったボクに訃報が届いたとき、ボクはすぐにミクロネシアに戻りたかった。そうすることがキミオと彼のファミリーに対するボクの以前からの約束だった。

だけど、その時のボクは、ミクロネシアに帰れなかった。20日のシンポジウムがあったから。それを成功させるのがボクの使命だった。それを放棄して喜んでくれるキミオでないことは良くわかっている。どうしようもない、耐え難い喪失感、深い悲しみ、彼の旅立ちに立ち会えなかった後悔……だけど、学生の仲間たちと作業をすることが悲しみを癒してくれた。ボクはキミオに見て欲しかった。ボクは「あなたに支えられここまできました」「いまボクたちのプロジェクトは日本のトップを走っています」ということを。20日、ボクはキミオの写真と一緒にプレゼンをした。あの時確かにキミオはボクと一緒にいてくれた。キミたちとの素敵な出会い、あの幸福な達成感、もしかしたらキミオの最後のプレゼントだったのかも……。

ボクはミクロネシアに戻る。キミオの愛したあの海に戻る。キミオの想い出に会いに行く。きっと悲しく辛い旅になるだろう。だけどボクはこのどうしようもない喪失感を、悲しみを「超え」られる気がしている。この一年間キミたちといろいろなものを「超えて」きたように……きのうみんなからもらった歓びがボクのエネルギー……素敵なプレゼントをありがとう。キミオが愛して、キミオが帰っていったあの海に、ボクはキミオの想い出に会いに行ってきます。そして悲しみを「超えて」きます。みんなありがとう！　1月30日から1週間留守にします。その間もしキミオのことを想い出したら、どうか祈ってください。

・・・・・・・・

教員をやっていてしみじみ思うことは、自分にとって最高の師は学生であり、最良の宝は学生である、ということだ。キミオの旅立ちが、そのことを痛烈に実感させてくれた。

先生、お辛いことがあったんですね。だいじょうぶですか？ わたしなんて何もできないけど、わたしもakiokada先生大好きです、先生がんばれ、ずっと応援してます！ わたしも明日からがんばります！

先生の憂さ晴らし位ならいつでも付き合いますよー。暇があれば（笑）キミオさんにきっときれいな海の側でならまた出会えますよ。チューク行くの楽しみにしていたほうがキミオさんも喜んでくれるんじゃないですかね。ではまた。

先生「最善観」って言葉しってますか？ 今自分の目の前で起きている事は運命みたいなものでそれがどんなにつらいことでも嫌なことでもいつか絶対自分にとってプラスに思えるよって事。大切な人を喪う事を前向きになんか考えられないと思うしあたしも運命なんて信じたくないけどこの言葉はなんか好きな言葉なので。なんかまとまらなくてゴメンナサイ。

メールの文字なんて、画一的で無味乾燥だ。だけどその行間からは、そのひとならではのボクを励まそうという思いが鮮烈に伝わってくる。ボクは憚ることなく思いっきり泣いた。

キミオとのさまざまなドラマを通じて、かれはボクたちに、人と繋がることの素晴らしさ、そして人を大切にすることの素晴らしさを、言葉ではなくその生きざまで教えてくれたような気がする。キミオからもらったその大切な宝を、はたしてボクはそのわずか百万分の一でも、次へ渡すことができているのだろうか……。

キミオのホテルのビーチからトロアス島を望む。キミオの家の方を見て、ここでボクは何度も泣いていた。

# コンクリートの感触

きのうの夜、本当はグアムのホテルで、ボクは考えていた。今日義兄弟のアッピンや姉のガーデニアに会ったら何と言おうか、どう抱きしめようかと。しかし予定は完全に狂ってしまった。グアムの空港のゲートで期せずしてアッピンに会ってしまったからだ。出張でグアムに来ていた。ボクが来るのがわかっていたので同じ飛行機をとったのだ。ボクが何も言わずに近づく、それに気が付いたアッピンが"Thank you for coming"……ボクの顔を見て再びこみ上げてきた悲しみと、日本からやって来たボクに対するいたわりの入り交じった切なく、低く、ちょっとかすれた優しい声。多分その時ボクの心は「おまえ最近声までキミオさんに似てきたな」と感じたのだろう。心が感じるより前にボクたちは抱き合っていた。最近少し太ったが身長がほと

キミオの家の別棟。後ろにそびえるマンゴーの大木の下にキミオは眠っている。

んどボクと同じアッピンの肩の上でボクは嗚咽が止まらない。もう二人とも周りに誰がいようとも意に介さない。ヤツの分厚い肩越しにヤツの気持ちが伝わってくる。"I'm so sorry, I'm so sorry not to have been there･･･(ごめん、本当にごめん、あのときいられなくて)"本当はトラック島の空港で会ったらもっといろいろ言うはずだったが、これしか言えなかった。でもボクたちはお互いに何が言いたいかよくわかっている。

偶然にも機内でアッピンは通路を挟んでボクの隣の席だった。機内ではボクたちは何も話さなかった。いや話せなかったんだろう。ボクはアッピンの胸ポケットにあったペンを無造作に取り入国カードを記入した。そしてトラック島に着陸寸前に窓から見えた島をボクが「フェファンか?」、「そうだ」と彼、「もうトロアスが見えるな」と言ったボクに「そうだな」。それだけがボクたちのコミュニケーションだった。

空港の税関を急いで抜けると例によってリッチーが出迎えてくれた。「おかえり」。今日は珍しくマルマラ(花で作った首飾り)を掛けてくれた。「I'm so sorry, I'm so sorry、君にここで会ったあの日、どうしてボクはトラック島に泊まらなかったか後悔している」。ボクはやっとのことでここまで言えた。キミオの旅立ったあの日のことだ。ポンペイを発ちグアムに向かうボクたちの飛行機は、途中でトラック島にも降り立った。ボクはトラッ

キミオはこの下に眠り、何も語ってくれない。手に伝わるのは真新しい湿ってザラザラするコンクリートの感触だけだった。

ク島の空港で彼に会って話をしていた。それなのにここに滞在せずグアムに急いだ。その晩キミオは旅立った……。「分かってる、今は何も言うな」とリッチー。そしてシンシアラ、彼女にもあの日ここで会った。悲しみにくれるボクを見て「かわいそうなakio」。彼女の言葉と抱擁とキスでボクの心の堰が切れてしまった。トラック島の女性にしてはスレンダーな彼女の体がボクの腕の中で軋んでいた。

リッチーの車に乗り込む。窓越しに見える空港の雑踏が雨も降っていないのにひどくゆがんでいる。「ホテルでガーデニアが待っているよ」というリッチーに、ボクは早く会いたい、だけど会えば絶対涙が止まらなくなることも分かっていた。ホテルに着いたボクを見つけてフロントのスタッフたちが集まってきた。「お帰りakio」「また会えてうれしいよokada」みんな長年の知り合い、ボクの友だちだ。そのうちの一人がガーデニアを呼びに行った。ガーデニアは青いドレスを着て現れた。彼女は青が好きだ。お互いを見つけて黙って抱き合った。ボクたちはそのままガーデニアのオフィスに入った。なぜならフロントのまわりには今着いたばかりのホテルゲストがいっぱいいたから。「ボクはここに来れなくて日本にいる間辛かったよ。どうか許して

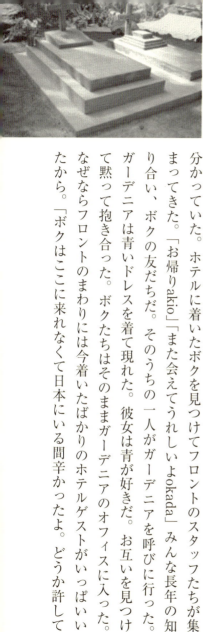

欲しい。ボクは約束が守れなかった。キミオの旅立ちの時、ボクはここにいられなかった……」「父はあなたを愛していた、ありがとう父を愛してくれて」「あたりまえさ、ボクの親父だもの」……二人とも泣いていた。その様子を見てフロントスタッフたちも一緒に泣いてくれた。ボクは涙が止まらない、それどころか声をあげて泣いていた。いいさ、ボクは思いっきり泣くためにここに帰ってきたんだから。

・・・・・・・

ホテルのあるウェロ島と、キミオの家がありキミオが眠るトロアス島の間には東西に海が広がる。今、そこを強い貿易風が吹き抜けている。東風の横波を巧みにかわしながらボクとアッピンを乗せたボートはトロアスに向かう。時にはボートの喫水より高い横波をかわし、あるいはバウ沈（波頂から波間に船の舳先が一気に落ち込み、舳先が海面に突き刺さり沈没してしまうこと）するかと思うほどの高波を切りながら、ボートは事も無げにトロアスに向かう。こいつらの操船技術はハンパじゃない。荒れる水面の波しぶきをかぶりながらアッピンが叫ぶ。「ちょうどあの辺の海の上でキミオは死んだ」。トロアスの桟橋を離れてすぐ、キミオは「オレはもうだめだ」と一緒にボートに乗ってキミオを病院に運んだ末っ子のドゥーンに言ったそうだ。「あなたは強いから大丈夫だよ」とドゥーン。桟橋を離れて３００ｍほどボートが沖合に進むとキミオはトロアスを振り返った。それがキミオがあの島をみる最後になった。次の瞬間、キミオは旅立った。もはやドゥーンの呼びかけに何も応えなかった……。

・・・・・・・・

ボクたちのボートはマングローブの林を抜けて見慣れたキミオの家の前に着いた。アッピンが「キミオの墓はあそこだよ」。見ると小高い斜面の巨大なマンゴーの木の下でキミオは彼の兄の隣に眠っていた。建設中の段差の大きい階段をアッピンと登る。「キミオさん、ようやく会えましたね。悲しくてやりきれなかったけど、ボクはあなたに会うのを楽しみにしてここまで来たんですよ」。「去年の夏、あなたは再会したボクの手を握りしめ、ボクの手の感触をずっと確かめていましたね。今度はボクがあなたの感触を確かめる番ですよ」。だけどキミオの分厚くて大きい手のひらをもうボクは感じることが出来ない。キミオの墓にしゃがみ込んだボクに嗚咽がこみ上げてくる。「今度はボクの番です。今ボクは自分の手のひらであなたの感触を確かめているんですよ。」だけどそこにあったのは、ま新しい墓石のまだ少し湿ったコンクリートのザラザラした冷たい感触だった。もうあの父の手をボクは感じることができない……。

傍らでアッピンがボクを見つめている。だけどボクはここを離れることができない。無言で迎えてくれた父の許を離れることができない……一体どれくらいボクはそうしていたんだろう。ようやく立ち上がり傍らのアッピンと再び抱き合う。もうボクは声をあげて泣いていた。「これからもオレ達は兄弟だ」とアッピン。「あたりまえだろ!」。いつの間にか独りっ子のボクに兄弟姉妹ができて、東京生まれのボクに帰る故郷ができていた……。

・・・・・・・

夕方、ボクはサンセットバーでワイングラスを傾けながら、キミオの家のあるトロアス島を眺めながらホテルのスタッフとおしゃべりしている。自分ではキミオへの想いにひたりながらヘミングウェイを気取っているつもりなのだ。このホテルの夕日の美しさは世界的に有名だ。世界中から写真家が集まってくるほどだ。ここの夕日は、一日のフィナーレにふさわしくその日最も美しい衣装をまとった太陽が高らかに、そして誇らしげに歌い上げるシンフォニーだ。だけど今日の夕日はいつもと違う。雲が少し多いせいか、ちょうどゴシック調の古い教会でステンドグラスを通して入ってくるほのかな光のようだ。まさにそれは、ちょうどトラック環礁全体がひとつの聖堂になったようだ。ボクの正面にはウマン島。ウローラスという均整のとれた山が中央にあり、ちょうど編み笠を伏せたような島だ。その左にキミオが眠るトロアス島が見える。ウマンと対照的に急峻なトルモン山が目に留まる。右にはフェファン島が穏やかな稜線で静かに海に横たわる。海に浮かぶこの三島の姿がトラックのボクの原風景だ。これらの島々がステンドグラスの薄明かりに照らし出され、トラック環礁全体がひとつの聖堂の雰囲気を醸し出している。そしてボクのヘッドフォンからは、"Pie Jesus"が流れる。アンドリュー・ロイド・ウェーバーの"レクイエム"のなかで歌われている曲だ。"Pie Jesus（ピエ・イエス）"「主よ哀れみたまえ」、"Agnus Dei（アニュス・デイ）"「我らに平安を与えたまえ」とソロのソプラノが奏でる。出発前、トラック島に持っていってと学生たちが"Image（イマージュ）"のCDをくれた。それにこの曲が入っていたのは単なる偶然なのだろうか。水面に穏やかにきらめく夕日はまるで今日一日のできごとを綴る走馬燈のよう。

「神さま、どうかキミオのことを心に留めてください。そして私たちに平安を与えてください……」

この滞在中、ボクは船を海に出すだろう、キミオを探しに、キミオに会いに。トロアスの沖合に沈むキミオが好きだった愛国丸に行けばいいのか、キミオと一緒に潜った想い出のサラットパスに行けばいいのか。一体ボクはどこへ行けばキミオに会えるんだろう。多分ボクは分かっているのだろう。キミオはボクの中に生きていることを。多分その確信を得たくて船を出すのだろう、彼の愛したこのトラックの海に。

「ここでならきっとまたキミオに会える……」

キミオのホテルのダイニング。ボクはキミオと朝食を摂りながら、この角の窓からよく海を見ていた。

# 世界一甘いシナモンロール

「あれっ、いつ来たの？」ホテルのダイニングのスタッフがボクを見つけて話しかけてきた。「きのうのフライトだよ」。もう彼女とは15年の知り合いだ。とてつもない重量級で、筋トレで腕の太さには自信があるボクも彼女の太股のような腕には負ける。「だけど今回は楽しい旅じゃないんだ」。「きのうトロアスに行ってきた、アッピンとね」。「悲しくて辛かったよ」。「そうでしょうね」と彼女。彼女はダイニングのチーフで自らは料理を運ばないのに、今朝はボクの朝食を持ってきてくれた。気遣ってくれているんだね。ありがとう！

ダイニングの西側の窓と北側の大きな窓が交わる奥の角のテーブルに座った。ここだと西から北まで海が一望できるからだ。居ながらにしてコバルト

ボク、キミオ、トシエ。このダイニングで朝食のあと、キミオの合図で世界一甘いシナモンロールがテーブルに届くのだった。

ブルーのグラデーションが楽しめる場所だ。ボクの右側には長テーブルがある。その端にはいつも車椅子でキミオがホストとして陣取ってボクたちをもてなしてくれた。だけど今そこには寂しくイスが1脚置かれている。ボクはパンケーキを注文した。ここのパンケーキはちょいといける。それにポルトガル・ソーセージが合うんだ。出されたパンケーキにメープルシロップをかけながら想い出していた。

・・・・・・・・

去年の夏、毎朝電話で起こされた。キミオからだった。「7時半にダイニングでね」。彼の早起きの「巻き添え」を食らって眠い目をこすりながら遅刻してダイニングに行くと、必ずキミオはそこに座って待っていた。ボクは必ずキミオの右側の角に座ってキミオの横顔を見ていた。一言一言、言葉を選びながら話すキミオは遠い目をしていた。どこか、水平線を見つめるような目だった。「今日はどこ潜る?」「どうして花川丸いかない?」。キミオのお気に入りは愛国丸と花川丸だった。

57年前、キミオはトロアスの高台でアメリカ軍の飛行機が搭載した魚雷の攻撃で沈んでいく愛国丸を見ていた。そこでは彼が一緒に戦っ

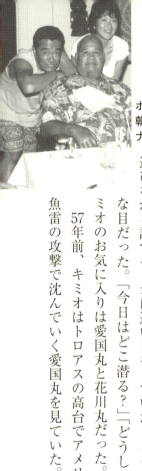

た、というより彼と遊んでくれた「戦友」たちが船と共に沈んでいった。トロアス島の陸軍守備隊、そして海軍艦艇の乗組員、彼にはたくさんの「戦友」がいた。みんなキミオを可愛がった。彼には戦争は悪夢ではあっただろうが、同時に多くの人達に可愛がられた少年時代の大切な思い出でもあった。だから「戦友」たちが忘却の彼方に置き忘れた遠い記憶も、彼の頭の中には、今でも鮮明に残っている。そのためか、キミオには日本の軍艦旗へのこだわりがある。彼は自分のダイビングショップのマークに日本の軍艦旗を使った。なんだか日本人のボクたちには「これ右翼かよ」を思わせる日本の軍艦旗をあしらったマークの入ったTシャツも作った。だけどキミオさん、あなたはこの日本の軍艦旗をはためかせながらトラックの海を疾駆していく資格があるよ。それがあなたの誇りであることもボクは良く知っている。正直ボクたち日本人には太平洋戦争のイメージがあって違和感を感じていた。だけど今年の夏、ボクたちがまたトラック島に戻って来たとき、ボクたちのボートにはチューク（トラック）の州旗と日本の軍艦旗、そしてブルーラグーンの旗をつけよう。そしてそれをめいっぱいはためかせながらトラックラグーンを駆け回ろう。

「あなたの誇りはアッピンやボクたちが受け継ぐ」

・・・・・・・・・

キミオとの朝食が終わろうとする頃、彼はダイニングのスタッフに合図をする。するとキミオがボクたちのために用意してくれたランチボックスがボクたちのテーブルに届くのだった。シュガークリームがたっぷりかかったシナモンロールにどっさりとハチミツやメープルシロップがかかっている。「ダイビングのあと海からあがると甘いものおいしいでしょ」。しわがれて、ちょっと巻き舌の流暢な日本語でキミオが言う。それを聞いてみんな思わず微笑んでしまう。「キミオさん、甘いの好きだもんね。だけど食べ過ぎちゃだめだよ、糖尿なんだからね」。これが去年の夏ここで毎朝行われた日課だった。

ふと、我に返ると、ボクは1人でダイニングで朝食を摂っている。キミオが車椅子ですわっていた長テーブルの端を見つめて物思いに耽っていた。

「キミオさん、あのめっちゃ甘いシナモンロール、また食べたいよ……」

キミオのダイブショップの桟橋。世界中から集まったダイバーを乗せて、ボートはトラック環礁のあちこちに散らばっていく。

## 海の底の慰霊碑

「おまえ今日、本当に愛国丸に潜るのか?」、朝、ホテルのボクの部屋にチェニーが電話してきた。アッピンの従兄でボクとは同い年。もう15年のつきあいになる。どこかボクとヤツは大人になりきれないところが似ている。年下のアッピンの方がどう見てもボクたちより大人でしっかりしている感じだ。ボクとチェニーは相変わらず悪戯して逃げ回っている悪ガキというところだ。

「もちろん行くさ、キミオを探しに行く」と言うボクに「わかった。ボートを一艘用意するから好きなところへ行ってこいよ」とチェニー。彼が電話してきたわけはよく分かっている。昨日から貿易風は更に強くなっていた。愛国丸はトロアス島の南東の沖合に沈んでいる。キミオの最もお気に入りの沈没船だ。57年前、彼の戦友達がアメリカ軍の「Hailstone」作戦の総攻撃に反撃しながら、愛国丸と共にここに沈んでいくのを彼はトロアス島の高台から見ていたのだ。ボクたちの航路は、まずホテルのあるウェロ島とトロアス島の間を東西に遮る海を横断する。まずここでとんでもなく高い横波をかわして進まなければならない。そのあとトロアス島の西端を通過することになる。ここはトロアスの島陰になり風が当たらないので波がないはずだ。比較的楽に航行できる。問題はそのあと、いよいよトロアスとエッテン島の間の海を風上に向かい一気に進むことになる。多分ここが勝負だろう。だけどボクの経験では、貿易風がこれだけ安定しているということは、明日になっても変化無く吹き続けるということだ。だとしたらあと一日待っても同じこと。ほかに日本から仲間が来ているならやらないけど、ボクとブルーラグーンのベテランオペレーター（操船者）とベテランダイバーの3人だけだ。うまくたどり着いて、うまく潜れるさ。チェニー大丈夫だよ。

ブルーラグーンの桟橋に行くとメケンシーが待っていた。「今日はオレがおまえと一緒に潜る」、口数が少なくてちょっとはにかみ屋でイケメンだ。「こんな日にゴメン、ありがとう一緒に来てくれて」。「キミオに祈りを捧げに行きたいんだ。だから愛国丸じゃなきゃ意味がないんだ」とボク。「ああ、わかってる」。言葉少ないメケンシーの行間から感じる想いに感謝。確かに今日の海のコンディションで愛国丸へ行くなんて並のことじゃない。

愛国丸甲板、水深50m付近。キミオが設置した慰霊碑の周りに、発見された遺骨が集められている。

桟橋を出発してすぐにとてつもない横波の洗礼を受ける。あっという間にずぶぬれ。だけど3人ともそんなこと意に介さないで船を進める。船べりより高い横波をすり抜けて進む。かわしきれないとボートの上を波が通っていく。ずぶぬれで目も開けていられない。だけど必死に3人で進路をにらむ。ここまでひどい揺れだとボートの中で座っていられない。立って何かに掴まっているしかない。膝で揺れを吸収して、手すりに掴まって波にさらわれないように耐える。ようやく苦闘の末、トロアスの島陰に入った。3人とも表情はリラックスしている。よし、これなら行ける！

トロアスの島陰の比較的穏やかな海をボートは飛ぶように走る。トロアスの南西の端に張り出した珊瑚礁を回り込み、いよいよエッテン島とトロアスの間の海を北東、すなわち風上に一気に向かう。さあ勝負だ！　船べりより高い波が向かってくる。オペレーターのアントニオはエンジンを全開にして一気に波頭に登りあがる。そして波頭で瞬間的にエンジンの出力を落とし波間に落ち込んでいく。ここでエンジンの出力を落とすタイミングが遅れるとボートは舳先から海中に突っ込んで沈没してしまう。いわゆる「バウ沈」だ。乗り越えても、乗り越えても真正面から波が牙をむいてくる。

どれだけの波を乗り越しただろうか。ようやくボートは愛国丸の沈む海面に着いた。アンカーを打って機材を準備する。しかしあまりの揺れでボートの上で座っていられない。半ば転がりながら用意して、転げ落ちるように潜行開始だ。水深12mくらいまでひどい揺れだ。そのあとはようやく静かな海になった。水深38mで愛国丸のマストのてっぺんに到着した。甲板はここから更に22m下だ。もはやスポーツダイビングの深度限界を超えている。しかし甲板にはキミオが一九九四年に設置した慰霊碑がある。ボクはどうしてもそれを見たかった。メケンシーは非常用に予備タンクを1本持ってきているし、よし行くか。

ボクが更に潜行を始めてもメケンシーは驚かなかった。最初からボクがそこまで行くだろうと思っていたんだろう。水深50mを過ぎる頃、さすがに水圧で少し目眩がした。甲板にたどり着く、水深60m。スポーツダイビングの深度限界の2倍だ。そこでボクはキミオが作ってそこに設置した慰霊碑に対面した。慰霊碑の周りにはまだ遺骨が散乱していた。

海の中というのは意外と騒々しいものだ。時によると大きな魚の歯ぎしりする音まで聞こえてくる。しかしこの深さまで来ると水圧のせいで、自分の排気音以外何も聞こえない。「キミオさん、あなたは慰霊碑をここに取り付けるのに相当な危険を冒したのですね。いま初めて分かりましたよ、身をもってね」。「何があなたをそこまでさせたのですか?」「あなたにとって愛国丸って何なんですか?」「もしかしてあなたの青春の象徴なんですか?」

「神様、どうかキミオのことを心に留めてください」。さあ浮上しないとエアーがもたなくなる。

ボクたちは浮上を開始した。上がっても、上がっても水面が見えてこない。そりゃーそうだ。60mなんていうとんでもない深度から上がるんだから。ようやく水深18m。ここからは忍耐力とエアーの残りの勝負だ。ここから体内に残留した窒素を充分に排出してから浮上しないと減圧症にかかってしまう。スクーバダイビングでは周囲の水圧と等しい圧力の空気を呼吸するのだ。だから深度が深くなるほど高圧の空気を吸うことになる。圧力が高いほど体の中に大量の窒素が溜まる。これをしっかり体外に排出してから浮上しないと減圧症という潜水病を引き起こす。そのために、18m・16m・14m・12mと一定の水深に一定時間留まって呼吸することで窒素を排出しながら徐々に浮上していく。合計の減圧時間は約50分。ウェットスーツを着ずにショートパンツとタンクトップの体には少々水が冷たく感じ始めた。残圧計はタンク内に残っているエアーが1000PPIであることを示している。日本流で言えば40気圧ほどか。メケンシーの残圧計もほぼ同じ数値を指している。

「よしこれなら二人とも予備タンクのお世話にならないでタンク1本で上がれるな」。ようやく無事潜水が終わろうとしている安堵感が湧いてきた。だけど寒い。そして荒れた海の中のアンカーロープに掴まっているボクたちは、嵐の中の鯉のぼり状態だ。よくこれに50

分近くも耐えたよなあ……。

水面が荒れているので船に上がるのも一苦労だ。油断すると体を船にブチ当ててケガしてしまう。波のタイミングに合わせて一気にラダーを登る。船上ではまた転がりながら用具の後始末をする。見るとタンクの残圧は二人とも約５００PPI、つまり30気圧くらいだろうか。アメリカ人ダイバーが愛国丸に潜水するときはタンクを２本背負っていく。

「メケンシー、オレたち大したもんだよな！」

安心している場合ではない。今度は追い風を受けて帰ることになる。だけどこれは向かい風より遙かに楽だし時間もかからない。再びトロアスの南西の端のハウスリーフを回り込んで島陰に逃げ込んで一息ついた。しかし、まだものを考える余裕はない。あっという間に最後の難所にかかる。トロアスとウェロの間の海を例によって横波を食らいながら横断するのだ。「さあいくぞ！」メケンシーが声をあげる。例によってボクたちはボートの上にいるのに波に洗われ、もみくちゃにされながら、そしてずぶぬれで目も開けていられないのに必死に波の方向を見定めボートを誘導していく。船は横波に一番弱い。必死に横波をかわしていくうち目を上げると、ブルーラグーン・ダイブショップの桟橋が近づいてきた。桟橋にドッキングしてボートを固定する。終わった……。

・・・・・・・・

部屋に戻りあついシャワーを浴びながら考えた。あれはいったい何だったんだろう。こんな日にそれも条件の最悪な、そして超大深度の愛国丸に潜ると言い出したボクに、チェニーは意思を確認しただけで止めはしなかった。メケンシーはそれがどんなに厄介でつらい潜水になるか百も承知で寡黙に付き合ってくれた。帰り着いてボクが「つきあってくれてありがとう」、メケンシーはひとこと「ああ……」。アントニオはどんなにひどい波を食らっても決して舵から手を離さなかった。潮で痛む目を必死に開けて波を睨んでいた。そうなんだ。ボクも彼らもみんなキミオのもとで鍛え上げられた強者だ。ボクのパートナーだ。そうなんだ！　みんなキミオで結ばれたキミオファミリーなんだ。誇り高き強者たち。そしてこのトラックの海を愛している。大胆かつ臆病にこのトラックの自然と付き合っている。みんなの中にキミオの精神はしっかり受け継がれ生きている。そしてあんな大深度の愛国丸に危険を顧みず慰霊碑を設置したキミオ。あの戦争の記憶がキミオにとってどんなに尊いものか思い知らされた。

夕方、ボクはブルーラグーンのオフィスでアッピンとある計画を打ち合わせていた。キミオのメモリアルプレートを作って愛国丸に設置するという計画だ。それが危険な作業でもボクは絶対にやる。キミオが作った慰霊碑の隣に絶対に設置してくる。アッピンとそんな話をしていると二人ともまた涙が止まらない。ボクはブルーラグーンの桟橋に出た。一日の仕事を終えてウェロ島からトロアス島に帰る人々が三々五々集まってきて賑わっている。ボクはひとりで座って海を見ていた。気が付くといつの間にか隣にメケンシーが座っている。きっとボクが悲しげに見えたんだろう。リッチーもニックもドゥーンもミカもデイビーもゲッティーもチャンもリオもチェニーもロバートもみんないる。「また明日な」「明日また会おうokada」口々に声をかけてくれる。リッチーはコンプレッサーが壊れたとボヤいてるし、チェニーはわけがわからないトラック語で何かまくしたてている。いつもの風景だ。ボクがうるうるした目のままふざけてチェニーにからんでいくと、アイツは偉そうなヒゲと、もはやキミオにも負けない巨大な腹で思いっきり微笑んだ。笑ったときのアイツの目、ほんといつ見ても情けない目だ。やっぱりみんなファミリーだよな。キミオのもとで鍛え上げられたファミリーなんだよな。今日の4時間の苦闘からボクは確実に何かを得た。

キミオのホテルのサンライズビーチの砂州。先端まで行くと外灯も届かず月明かりと星明かりに抱かれることができる。

## Love is going on（愛は生き続ける）

朝、ホテルの桟橋でこれから海にでるブルーラグーンのスタッフを見送る。これがいつもの日課だ。「今日はどこに潜りに行く、akio」「今日はダイビングするのか、okada」とみんな口々に言う。「行かないよ」。「昨日、愛国丸にキミオに会いに行った。今回はそれで十分さ」。「知ってるよ、昨日はトロアスの方は海が荒れてたな」。「ああ、すごかったよ、おまけに愛国丸は深いしね」。思わず昨日の苦闘を想い出していた。ボートのもやいが解かれ、三々五々出航していく。今日はほとんどのスタッフがアメリカ人やオーストラリア人の客を乗せている。彼らは憧れのトラック島でいよいよ沈船ダイビングに出かけるとあって、どの顔も昂揚ぎみだ。毎朝スタッフの見送りに来て海に出ない日本人の姿が、彼らの目にはどう映っているんだろうか。ボートが桟橋を離れて次第に遠ざかっていく。

「おーい早くスロットルを開けてエンジンの回転数上げろよ。船外機は低回転に弱いんだから……」なんて思っていても結構彼らはお構いなし。まっ、いいか。誇り高きブルーラグーン流で行けば。桟橋を離れて次第に小さくなっていくボートからスタッフたちがボクに手を振る。

今日も貿易風が北東だからトロアスの島陰まではちょっときついぞ、ガンバレよ。スタッフのみんなが出航するのを見送って、ホテルの南西の端にあるビーチにサンベッドを運んで寝転がって音楽を聴いている。潮の影響でここには美しい砂州が張り出していて、その向こうには海を挟んでトロアス島のキミオの家のあたりが見えている。それにしても、スタッフを見送ったときのあの連帯感って何なんだろう。樹脂製の船体に40馬力の船外機を2機取り付けて、自分たちで作った木造の屋根をつけただけのモーターボート。とてもカッコいいというしろものじゃない。しかし、彼らはそんなボートを10艘ちかく駆ってトラック環礁のあらゆるところに散らばっていく。トラックの海をまるで我が庭のように、波をものともせずに走っていく。その姿が逞しく胸を打つ。あれこれ考えているうちにもさっき桟橋を離れた一艘が、トロアス島とフェファン島の間をウマン島の方に向かって、高波を切り分けながら進んでいく。ボクのトラックの原風景の中をブルーラグーンの連中が突っ走っていく。「トロアスの珊瑚礁を過ぎたら気を付けろよ、まっ、釈迦に説法かな……」

美しいコバルトブルーに輝くボクの原風景を見ながら日光浴をする。ヘッドフォンではWhitneyの“Greatest love of all”が流れている。サンベッドの上でトロアスを見つめながら、ボクのファミリーがいて、この美しい海と自然に包まれていること、それってもしかしてキミオのgreat loveに抱かれていることなんだと感じずにはいられない。そしてそのキミオの精神はボクたちみんなの中に脈々と生きている。ボクが探していたのはこれなんだ。

夜、ホテルの桟橋に出てみる。星はあまり見えない。今日の夕日は、ここ数日の「ステンドグラスから光の洩れる聖堂」という雰囲気ではなかった。鮮やかな夕日が海を赤く染めていた。どこかボクの心持ちの変化を表しているように思えてならなかった。

「多分超えられる……」

桟橋で暗い海を眺めているとローカルミュージックが聞こえてきた。あっ、ハーティーとイシローが桟橋で飲んでいた。ヤバイやつらに見つかっちゃったな……かれらはブルーラグーン・ダイブショップの今日の当直だ。ハーティーはキミオの長男の子だからキミオの孫になる、イシローはキミオの甥、「一緒に飲んでくれ okada」。

「えーっ、今食事したばっかりでお腹いっぱいだよ」とボク。トラックの連中は酒を飲むと結構酒癖がわるいということをボクはいやというほど知っているんだ。しかし「たのむよ、今夜は付き合ってくれ」とハーティー。なんかいつもと様子が違う。かれらはボクをサンセットバーのカウンターに連れていきワインを勧める。ほどなくキミオの話題になり、かれらはいかに自分がキミオを愛していたかをボクに説いた。そしてボクに「お前はどうなんだ」と聞く。この1ヶ月、日本で感じていたこと、日本に留まっていることがつらかったことを話した。気が付くとハーティーは泣きながら眠り始めた。その横でイシローも泣いている。そばで話を聞いていたバーのスタッフも泣いてくれた。この子の名前は知らないけどよくホテルの売店で働いている顔見知りだ。ボクは思わずイシローの席の隣に行って彼の肩を抱いてやる。「帰らないで、このままここにいてくれ、ファミリーじゃないか……」彼の言葉にボクもまた涙が出てくる。「だいじょうぶ、8月には戻ってくる。」「ゼッタイだな」とイシロー。「あたりまえじゃないか」。

「ボクは今回ここへ来てわかった。ここにいること、きみたちとここにいること、それ自体がキミオの愛に抱かれていることとなんだって」。泣きながらイシローが「キミオはみんなの心の中に生きている……」。「そうさ！」とボク。そしてイシローがつぶやいた……。

「Love is going on」

キミオの部屋、彼のコレクションのキャップが並んでいる。その中から彼が最も愛用していたものを形見としてアッピンから譲り受けた。

「これだっ！」ボクは思った。ボクはこれを確信したかったんだ！

これでボクは「超えた……」

おまえ"Only one thing that has meaning is love."とか、"Only one that can survive is love."とか、かっこよく言えないのかよ。そう思いながらも、イシローの素朴な表現に彼の純朴な想いがいやというほど強く伝わってきた。そうなんだよ「Love is going on」。

イシローの向こうでは泣いていたハーティーがぐっすり寝込んでいる。どうしても起きようとしない。小柄なイシローにハーティーの荷物を持たせて、ボクが彼を担いでブルーラグーンのお店まで運ぶことにした。多分ボクより重いであろうハーティーを担いでいるのにボクの肩は軽くなっていた。

ありがとうイシロー！

・・・・・・・・

朝、ボクの部屋にアッピンから電話があった。今日もう一度トロアスのキミオの家に行く約束をしていた。ウェロ島とトロアス島の間の海は少し穏やかになっていた。トロアスが近づいてくる。キミオがその下に眠る巨大なマンゴーの木が見えてきた。アッピンがキミオの家にボクを招き入れる。ふたりでキミオの帽子コレクションを見ながら、想い出話をしていた。一九九五年にボクたちが日本に招待したときに日本で買った帽子もあった。アッピンに「夕べ、イシローとハーティーに付き合って飲んでいたんだけど、イシローが素敵なこと言ったよ」。「何て?」とアッピン。「Love is going on」。この時だけはアッピンの目に涙が光った。だけどボクたちは楽しくキミオの居間でキミオの想い出を語った。そしてボクはキミオのコレクションの中からキミオのお気に入りでボロボロになったキャップをひとつ形見に譲り受けた。

ボクたちはキミオが眠る墓のあるマンゴーの木の下まで斜面を登った。そしてアッピンと墓のサイズを測り、そこへ取り付けるメモリアルプレートの大きさを打ち合わせている。不思議なことにこの前ここに立った時とは全く違う気分だ。アッピンに「夏にプレートをもってきたらここでプレートをつけるセレモニーをやろうぜ」「それとアッピンのバースデーもな」。彼の誕生日は8月23日なのだ。ボクたちはキミオの墓を去った。「キミオさん、夏にまた会いましょう。でもいつでも会えるもんね!」トロアス島をボートで離れてほどなくボクは振り返ってマンゴーの木を探した。海からもよく分かる目立つ大木だった。多分キミオが最後に見たトロアスの風景もこれだったんだろうな。ロレンソーが操縦するボートの上でボクとアッピンは波を越えるたびに奇声を発してふざけている。「いつものオレたちだな」、そう思っているのは多分ボクだけじゃないだろう。

ホテルのビーチの砂州の向こうにトロアス島とウマン島。お気に入りの眺望だ。

・・・・・・・・・

ボクは今夜の飛行機でこの島を発つ。真夜中の12時にチェックアウトする。11時頃、ボクはもう一度あのトロアス島との間に突き出た美しい砂州に出た。トロアスのキミオの家の方向の明かりを見ていた。その時今日が2月4日であることを俄に想い出した。そう、ちょうど一ヶ月前の今日、まさにこの時間にキミオはこの風景を見ながらこの海の上で旅立っていったのだ。耳元では「ピエ・イエス」が流れている。「キミオさん、サヨナラは言わないよ。いつでも会えるもんね。だけどまた夏に、あなたの愛に抱かれに来るよ。楽しみにしていてね」。涙が流れるけど、今までの涙とはちがう。この数日のボクのファミリーの温かさへの感謝と感動の涙だ。今はみんなに「また夏に会おう、楽しみにしているよ」と心から言える気がする。

チェックアウトの時間、ホテルのスタッフ一人一人と抱き合って、別れを告げる。"Your kindness and your hospitality modified my sadness(あなたがたの親切ともてなしがボクを癒してくれました)……"非番なのにシンシアラも来てくれた。手には手作りのネックレスを持っていて、ボクに掛けてくれた。「夏にまた会おうね」と抱き合いながら今度はボクがキスする番だ。

トラック仲間のアルバートの船。ニューヨーク市警のコンバットインストラクターだった。アメリカ魂に手足が生えると彼になる。

リッチーの運転するバスに乗り込み、空港に向かう。相変わらず「忙しい、忙しい」とボヤくリッチー。窓の外に移り変わる風景が、いつの間にか頭の中でこの数日間に体験した光景に変わっていた。気が付くと空港に到着していた。リッチーがこわい顔をしている。何も言わない。彼は悲しいときこわい顔をするんだ。「さあ、チェックインしにいかなくちゃ。夏にまた会おう」とリッチーに抱きつく。リッチーの目に涙が溜まるのを見たのは、長いつきあいの中でこの時が初めてだった。

飛行機のタラップを上がりきったところでボクは最後にトロアス島の方を向いて、心のなかでつぶやく"Love is going on"

「ボクは超えた……」

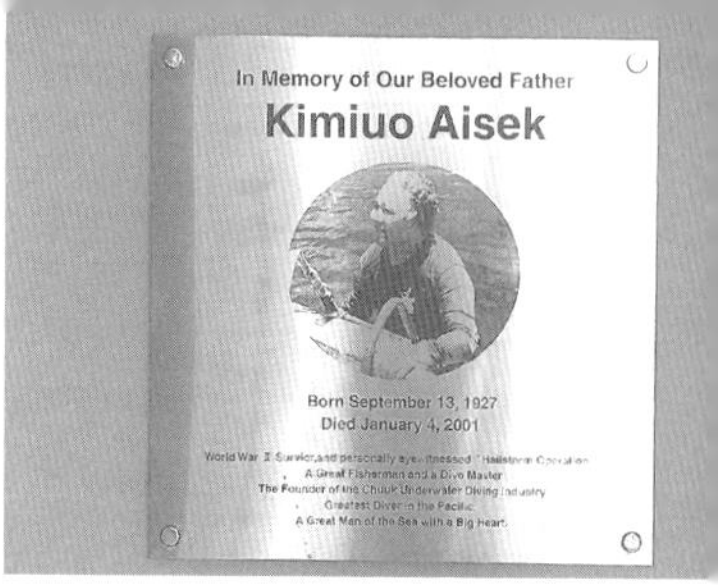


我が家の玄関にも記念碑と同じプレートが取り付けられている。

32 kg

出だしから拍子抜け、はずされたっていう感じだ。ボクは2月上旬にトラック島から帰国して、キミオの記念碑を彼の墓や彼が愛した沈船に設置するため色々な準備を積み重ねてきた。それら成果をひっさげて再びトラック島に向かおうというのに、出だしの成田で気合いをそがれてしまった。飛行機のチェックイン手続きの前にチェックイン・バゲッヂ（機内の荷物室に預ける荷物）のセキュリティーチェックにひっかかったのだ。これがつまずきの始まりだった。トランクのX線検査の担当者がボクのトランクを検査しながら

「中にある缶詰みたいなものは何ですか?」

・・・・・・・・・・・・・・・・・・

1月下旬、我が心の父キミオの弔いにトラック島にたどり着いたボクは、悲しみのどん底で考えていた。「キミオのメモリアルプレートを作ろう……」ダイビング仲間で親友のトシエの父上はエッチングプレートの職人さんだ。彼女に頼んでもらえば何とかなる。ボクはキミオの息子でボクの義兄弟のアッピンにこのアイディアを持ちかけた。

「おい、オレはキミオの偉大な業績を少しでも多くの人に知ってもらいたいよ」。「そこで考えたんだけどさ、メモリアルプレートを作って飾ろうぜ」。「おまえも知ってるだろトシエ、彼女のオヤジが専門の職人さんだから頼んでみるよ」とボク。彼女もキミオに娘同様に深く愛されていた。しかし仕事の関係で弔問には行けず、日本でボクの報告を待っていた。

「どこに飾るか……お墓だろ、それと……ショップあとホテルにも欲しいな」とアッピン。「いや、あと愛国丸のデッキにも沈めよう。キミオが最も愛した沈船だから。それと富士川丸にも沈めよう。トラックで最もポピュラーな沈船だから、あそこにあれば世界中のダイバーが見てくれるさ」。「だとすればステンレスがいいな」。こんなことを語り合っていると、ボクもアッピンもキミオへの想いで目にいっぱい涙をためている。

「沈船に置くなら、プレートをコンクリートのブロックにくっつけよう。それはこっちで作れるから任せとけ」。「だけど愛国丸は深いぞ、ホントにやるか？」とアッピン。「愛国丸じゃなきゃ意味ないさ、キミオが一番好きだった船だから」。確かに水深60ｍ以上の海底で眠る愛国丸のデッキにメモリアルプレートを設置するのは大変危険な作業だ。だけどボクとアッピンがこの計画に体を張ろうとしていることを止められるヤツがいるだろうか。

　その日、早速ボクは東京で待機しているトシエにメールを送り父上に打診してもらった。父上からは快諾を得た。それじゃあ大きさを決めよう。ボクとアッピンはキミオの墓のある島トロアスに渡った。キミオの墓のサイズを計り、16インチ四方と決めた。その夜、今回のボクのトラック島滞在の最終日、キミオのダイビングショップを引き継いだアッピンと、彼の姉でキミオのホテルを任されているガーデニアがお別れの晩餐会を開いてくれた。そこで3人でメモリアルに記す言葉を考えた。それにしてもこの晩餐会は物々しい。何と警察官の警備が付いていた。今、ガーデニアはミクロネシア連邦チューク州（トラック島）知事夫人なのだ。「どこに行くにも警官が付いてきて、もう……」とガーデニア。

In Memory Of Our Beloved Father
Kimiuo Aisek
Born 13 September 1929

Died 4 January 2001
WW II Survivor, and personally eyewitnessed "Hailstone Operation"
A Great Fisherman and a Dive Master
The Founder of the Chuuk Underwater Diving Industry
Greatest Diver in the Pacific
A Great Man of the Sea with a Big Heart

これらの言葉と共にキミオの写真を焼き付ける計画だった。立派なのができるぞ、みんなの期待は高まる。晩餐会を終え、みんなに礼を言って、ボクは一人海辺に立った。ホテルのある島ウェロとキミオの家と墓のある島トロアスの海峡だ。この海峡にあるホテルのビーチから沖合のトロアス島に向かって張り出した砂州の先端にボクはいた。

「キミオさん、今度来るときはメモリアル持ってくるからね。そしてアッピンと愛国丸に潜る、絶対やり遂げるから見ていてよ、キミオファミリーのダイビングの実力をよーく見ていてよ。ボクはサヨナラは言わない、またいつでも会えるもんね」

二〇〇一年2月4日23時ちょうどだった。キミオが心臓発作を起こし、船でトロアス島からこの海峡を搬送されその船上で旅立っていってから、ちょうど1ヶ月後の同じ時間だった。そしてボクは機上の人となった。

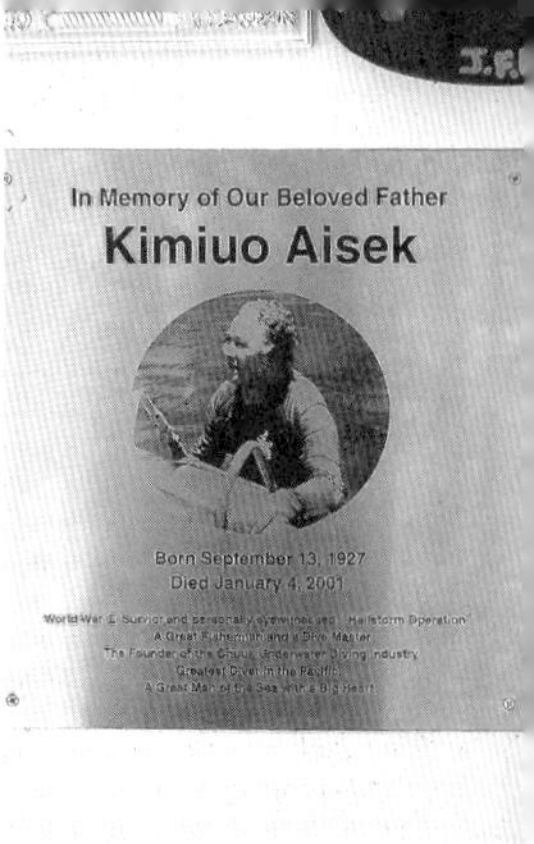


キミオのダイブショップにも記念碑のプレートを飾った。上に写っている黒いものは空気ボンベを背負うためのハーネス。持ち主の名前が「JFK」とあるが、ケネディー大統領の息子のものだ。

・・・・・・・・

帰国後、仕事に忙殺され続け、メモリアル作りに着手できたのは6月中旬だった。だけど作業はあっという間に進んだ。メモリアルのデザインを引き受けてくれたのは、ミクロネシア仲間でダイバーのワカナ。彼女はプロのグラフィックデザイナーだ。ボクが借りてきたキミオの写真の傷をひとつひとつコンピューターで修正して、字体を工夫して素敵なデザインに仕上げてくれた。それをトシエの父上に渡す。おそらく今か今かと待っていてくれたのだろう。わずか2週間で完成した。それも用途別に、海に沈めるものは厚いステンレスで、室内に飾るモノは薄手のステンレスで飾り易いように四隅に穴を開けてくれた。父上の細かい心遣いに感激。「キミオさん、あなたが愛してくれたボクたち仲間があなたのためのプロジェクトを成功させますからね、見ていて下さいね」。

　トロアス島の沖合に沈む愛国丸にメモリアルを設置するということは、大深度潜水をしなければならない。多分40-60mの潜水になるだろう。スポーツダイビングの深度限界を遥かに超える。深度が深くなるほど、体の中に窒素が溜まる。これが減圧症という潜水病を引き起こす。そうならないためには少しでも窒素の溜まる量を減らさなければならない。それには体脂肪を減らすのが有効な方法だ。ボクは半年間で10kg減量した。ウエイトトレーニングもいつもどおり順調にこなしている。

論文の原稿の締切に苛まれながらトラック島再訪の準備は進んだ。出発の前日、最後のひとつを入稿した。この数ヶ月、授業はもちろん、講演・シンポジウム・学会報告・執筆・採点に追いまくられ、かなりの過労ぎみ。でもいいさ、トラック島に着いたらまず休養さ！　いよいよ出発を前に気持ちが高ぶっていく。「いいぞ、この感じ！」。

だけどボクはここであることが気になりだした。

「メモリアルプレートをアッピンがコンクリートブロックに付けると言ってたけど、現地でボンドが手に入るのかな……買っといたほうがいいな」

・・・・・・・・・・・

「ボンドですよ」、ボクは答えた。X線検査担当の女性が質問した「缶詰みたいなもの」とはボンドの缶だった。次に彼女から返ってきた言葉を、ボクは全く予想していなかった。

「ボンドは可燃物なので飛行機には乗せられないんです」

「お見送りの方がいらしたらその方に渡して下さい。もしいらっしゃらなければこちらで処分するしかないので、承諾書にサインをお願いします」

せっかく苦労して詰めた荷物をここで開ける手間と、「ボンドがなかったら、向こうでどーすんの、一体……」という不安が頭をよぎる。ついついボクの語気に苛立ちが現れる。担当のおねえさんのせいではないんだけど、それはよく分かってるんだけどね。おねえさんゴメンね。ボクは已むなく承諾書にサインをして例のボンドを彼女に引き渡した。

最初からとんだケチがついちゃったよな……なんて思いながらもチェックインに向かう。カウンターで航空券と搭乗券を受け取りながら、ボクは次なる関門にブチ当たった。ボクとふーさん（うちの奥さん）の荷物が規定の重量をオーバーしていたのだ。係員の事務的な声……「お一人様がお預けになれるお荷物の総重量は32kg（二〇〇一年当時）までなんです。5kgオーバーしておりますので、その分を出して携行していただくか、さもなければ超過料金をいただくことになりますが……」超過料金を払うか、トランクから5kg分の荷物を出して手荷物として客室に持ち込めということなのだ。どっちにしても飛行機に積み込むことに変わりはないのに、荷物室預かりではなく客室持ち込みにすれば超過料金は払わないでいいというのだ。なーんか矛盾してるよなと思いながらも、払わないで済むに越したことはない。ボクたちはトランクを開け、撮影用の三脚を取り出した。これで優に5kgは減らせた。三脚を取り出したのには実はちょっとしたワル知恵があるんだ。

「そりゃーそうだよな」。自分の荷物のあまりの重さに、妙に納得している。キミオのメモリアルを沈めに行くんだから、メモリアルプレート、それを沈めるのに使う道具、撮影機材、潜水機材、生活用品……重くもなるさ。結局ボクとふーさんのトランクは、ひとつは三脚を取り出して32kgギリギリでクリア、もう一つは32kgを少し上回っていたがオマケだった、ラッキー！　くやしいことに一緒に行くトシエの荷物は難なく重量検査をクリアしてしまった。

こうして搭乗券を受け取ってから若干の買い物をして、ボクたちは出国手続きに向かうため携行品検査を受けることになる。機内持ち込みの携行品のX線検査と金属探知器のゲートをくぐるっていういつものアレだ。例によって、今日もボクは金属探知器に引っかかった。原因はバックルと財布だった。だけど今日は絶対に携行品も引っかかるはずだ。係員がボクの体に触れ、凶器など隠していないか検査している間、ボクは隣でX線検査を受けているボクの携行品を見ていた。ホラ引っかかった！　実はこれを期待していたんだ。

係員が説明してくれる。「客室に持ち込みが認められる物は長さが60㎝以内なんです」。「そーだよね知ってるよ、だけどボクの三脚は62㎝あったでしょ」とボクは心の中で舌をだしつつ「そうなんですか……」としおらしい反応を示す。客室に持ち込めないボクの三脚はここで丁寧に梱包され機内の荷物室に運ばれ、そこでボクたちのトランクと再会することになる。そして到着地でボクたちのトランクと一緒に渡されることになるんだ。この手荷物検査場では、ボクたちが先に預けた荷物の重量は分からない。だからここで預けることになる三脚は重量に関わらず超過料金はとられない。こうしてボクたちはまんまと重量超過分の荷物も無料で荷物室預かりにしてしまったのだ。

荷物の重量問題はうまく解決できたが、ここまですべての検査に引っかかってしまった。苛立ったり神経をすりへらしたり。「ボンド無くて現地でだいじょうぶかなあ……」と不安もよぎる。「それにしても、半年準備を重ねて、いよいよなのに、気分が盛り上がらない出発だよな……」

初めて訪れてからまもなく30年。この島ではなーんにも変わっていない。このホテルのフロント棟も。思えばいろいろなドラマがあった。

# 夏の貿易風

ボクたちの飛行機が成田を飛び立って小笠原の上空に来た頃、いつもその儀式は始まる。フライトアテンダントのチャモロ（グアムのネイティブのこと）イングリッシュのアナウンスで「食事」のサービスを始める旨が告げられるのだ。このフライトにあまりにも乗り慣れてしまったボクたちは「うそだよ、あんなの食事じゃないよ」とボヤきながら、今回だけは奇跡が起きてご馳走が出ないかなどとはかない期待をするのだが……しばらくしてボクの前にフライトアテンダントが来た。"Hamburg or chiken ?"ボクは思わず"Hamburg would be fine"と答えてしまった。ボクは彼等がハンバーグと称す巨大な「つみれ」状の物体を一気に赤ワインで胃に流し込んだ。ただこの赤ワインだけは気に入っている。カリフォルニア、ナパバレーのカベルネソービニヨン98年、これだけは楽しみなんだ。さあ、儀式も終わり、あとは寝るだけだ！

機内の気圧の上昇に気づき目が覚めると、ボクたちの飛行機はグアムへ着陸するため降下を始めていた。2時間30分、グアムでボクたちに与えられた乗り換え便の待ち時間だ。ボクたちはこの短い時間でグアムに入国することにした。入国審査官にパスポートを提示し、「なんでパスポート要るの？　ここは日本になったんだよ。君知らなかったの？　だって周り見てみろよ。日本人しかいないじゃん」などとバカなジョークを飛ばす。グアムの明るい担当官は必ず何かギャグで応酬してくるから、この短いコミュニケーションが楽しみなのだ。

ボクたちが着いたのは、ひどいスコールが通った直後だった。バケツをひっくり返したという形容があるが、まさにそんな感じだ。オマケに湿度がいつもにも増して高い。「この夏は天候が不安定なのかな、日本も梅雨がなかったもんな……」先行きの天候にわずかな不安がよぎる。ボクたちはタクシーをつかまえ、行き慣れたスーパーに向かった。日用品の買い出しと、安上がりな食事を済ませ、今夜トラック島で半年ぶりに再会する我が兄弟アッピンと酌み交わすちょっと高級なワインを手に入れた。さあ、これで空港に戻って飛行機に乗ればトラック島に行ける！

グアムからトラック島まではたったの1時間40分程度のフライトだ。それでボクたちはミクロネシア連邦チューク（トラック）州に着く。だけどここはグアムとは別世界だ。ここまで来る日本人は僅かなダイバーとよっぽどの物好きしかいない。何もない全くの田舎の島、10年経っても何も変わりがない平和な島。機内では2回目の儀式が始まった。今回は、多分数日前まではパンと呼ばれていたであろう固くてボソボソな物体に、スライスしたハムとチーズが挟まっている。それをオレンジジュースで一気に喉に流し込む。マヨネーズとマスタードのビネガーの香りが鼻に残る。

何もないトラック島のウェロという島に空港はある。何もないから航空管制システムもない。航空火災の消火設備もない。パイロットが有視界飛行で着陸するしかない。だから着陸のタイミングで空港にスコールが来ていて視界が悪いと着陸できない。そんな時はトラック島には降りずに、隣のポンペイ州まで行ってしまう。各駅停車がひと駅通過して隣の駅に行くようなものだ。だから喜ぶのはまだ早い。本当に飛行機が空港にタッチダウンするまでは喜べない。この路線ではパイロットの腕がかなり必要とされるらしい。機械管制なしの有視界飛行で短い滑走路に着陸するのだから。数年前まではほとんどのパイロットは米海軍で空母に着艦経験のある元軍人だったという。

ボクたちの飛行機は真西からトラック環礁に進入して、右にトール・ウドット・フェファン・ウマン島、そしてキミオの墓のあるトロアス島を見て進むと真っ正面にウェロ島のトナチャウ山が聳える。そこで俄に90°旋回してその直後にウェロ島の滑走路にタッチダウン。その瞬間、目一杯エンジンを逆噴射させる。乗客は急ブレーキのため、皆前のめりになりベルトをしてなきゃイスから転げ落ちる勢いだ。だがそうしないとオーバーランして飛行機は海に落ちてしまう。それほど滑走路が短いのだ。

タラップを降り立つと、そこには雨上がりの水たまりが待っていた。なによりムッとする湿度だ。そして何と貿易風が西から吹いていた。夏のトラック島は雨が少なく、貿易風も弱まり東の微風となって天候は長期間にわたって安定し、海も穏やかなはずだ。なのに今ボクたちは西から夏の貿易風を受けている。「やっぱり今年は世界的に異常気象なのかな……」

空港の人だかりを見渡していたトシエが「あっリッチー！」と突然叫んで手を振り出した。リッチーが迎えに来てくれていた。リッチーはキミオが創始して今はアッピンが引き継いだダイビングショップのデスクワークを統轄している。リッチーは、その存在に気づいたボクたちにニヤリと悪戯っぽく笑う。言葉少なに再会を歓びリッチーと抱き合う。1月にキミオの弔問に来たとき、リッチーはボクをここまで見送りにきてくれた。あの時ボクは長いつき合いの中で初めてリッチーの目に涙が溜まるのを見た。あれから半年が過ぎた。今はいつものリッチーといつものボクだ。

そうこうしていると元気のいいデカイ忙しそうな声が近づいてきた。メイソンだ。ボクはおどけて"Hey daddy, I wanna see your baby, dad !(お父さん、キミのベビーに会いたいよ)"この5月に彼は父になっていた。メイソンはキミオのホテルのマネージャー。ホテルは今、キミオの娘のガーデニアが経営している。メイソンはこの便で到着したほかのホテルゲストたちをバスに誘導していく。彼の運転するバスでボクたちもキミオのホテルに向かう。この半年間のこと、メイソンのベビーのこと、天候のこと、助手席に座ったボクと運転するメイソンと話が尽きない。それにしてもこの穴だらけの舗装道路、いつになったら直るのか……まっ、これがトラック島ってもんか。

Truk Blue Lagoon Resort それがキミオのホテルの名前だ。"Truk"「トラック」、前にも話したとおり、トラック島は今ではミクロネシア連邦のチューク州となった。太平洋戦争の際、日本海軍の連合艦隊の前進基地のあったところだ。トラックでの少年時代はキミオにとって宝物だった。だからキミオは、このトラックという名をずっと慈しんでいた。自分のホテルにも敢えてトラックの名称を使ったのだ。木造二階建ての客室棟がプライベートビーチに沿って林立するヤシの木々にとけ込んで並ぶ。木々の緑に違和感無くとけ込む絶妙な配色の建物だ。客室棟からフロント棟まで、街路灯の丸いランプシェードが等距離に並んで赤みのある光を放っている。このまるい街路灯の連なりが何とも南国チックでイイ感じなのだ。夜10時、ホテルは静まり返っている。ただヤシの木のそよぐ音だけが耳に心地よい。ボクたちはフロント棟に向かった。

"Hey my brother!"フロント棟のドアを開けるなり聞こえてきた。アッピンがソファーに座ってボクたちの到着を待っていた。"My bro! after 6 months……"とボク。分厚い彼の胸板を抱きしめる。アッピンのガッチリした肩越しに彼の"Thank you, thank you"が聞こえる。彼の魂から滲み出てくるような低くて逞しくいたわりに満ちた声だ。そうあの時のヤツの声と同じだ。ボクは感じていた。1月にキミオの弔問に訪れたボクは、予想外にグアムの空港で出張帰りのアッピンに出会ってしまった。彼はボクが来るのを知っていてグアムからトラック島まで同じ便を予約していたのだ。搭乗ゲートでお互いを見つけたボクたちは無言で抱き合い、辺りを気にすることもせずキミオの旅立ちに涙した。あの時のアッピンの"Thank you, thank you"だ。3000マイルを飛んできた義兄弟への感謝と労りに満ちた低くかすれながら魂から滲み出てくるようなあの声に、ボクは再び彼を強く抱きしめていた。これからボクはコイツとキミオの記念碑を沈めるために危険なダイビングに挑戦する。ひとつ間違えば命をも落としかねない。実は日本を離れる前の晩、ボクに万が一のことが起こった時の指示を学生たちに残してきていたのだ。だけど大丈夫、コイツとボクならやれるさ。

ホテルのフロント。左がミドリさん。あなたの静かな微笑みにどれだけ癒されたことか。

アッピンと抱き合いながら視線を感じ、ふと目をやると、フロントデスクの向こう側でにこやかに微笑んでこちらを見ている女性がいる。ミドリさんだ！　ボクが駆け寄ると"Welcome back !"と手をさしのべる彼女に、ボクは"No, no! give me the whole package !"とフロントデスクを回り込んで抱き合う。この前ここを訪れた時、キミオを失ったボクの心痛を彼女の心配りがどんなに癒してくれたことか。ミドリさんは日本風の名前だけど"Mitory"とつづる。れっきとしたトラック人なんだ。

部屋で荷物をほどいた後、ホテルにあるアッピンのプライベートルームをふーさん（うちの奥さん）とトシエと共に訪ねる。再会を歓び話が尽きない。とっておきのワインがあっという間に空になる。もちろんキミオ記念碑プロジェクトの打ち合わせもした。愛国丸と富士川丸に沈める分については、コンクリートブロックを作りそれにメモリアルプレートを貼りつけて沈めるのだが、生コンクリートを型枠に流し込み一緒にプレートをはめ込むのでボンドは不要とのことだった。よかった……型枠はすでにアッピンが用意していた。明日からブロック作りに取りかかるらしい。

アッピンの部屋を出たボクは一人になってキミオと話がしたかった。ボクは一人でビーチに出た。ウェロ島はちょうど三角形をしていてキミオのホテルはそのひとつの角に位置している。角の頂点のところにフロント棟があり、そこからそれぞれの辺に向かいV字形に客室棟がのびている。"Sunset Wing" "Sunrise Wing"だ。"Sunrise Wing"からは目の前にキミオの家と墓のあるトロアス島が見える。ふたつの島の間には幅1㎞ほどの海峡が横たわっている。潮流の影響であろうか、この"Sunrise Wing"のビーチからは沖合のトロアス島に向かって砂州が張り出している。その砂州の先端まで来るとホテルの外灯も届かない。月明かりと星明かりだけだ。水面にきらめく月の光の美しさにはっとしながらボクはトロアス島の暗い島影を見つめている。

「キミオさん、約束通り戻ってきたよ。またここであなたの愛に抱かれているんだねきっと、ボクたちは。故郷に里帰りした気分だよ。明日からボクたちのドラマが始まるよ、よーく見ていてよ。約束通りあなたの記念碑を作ってきた。アッピンと愛国丸に沈めに行くよ。成功するように見ていてね。あなたとあなたの海に育てられたボクたちのダイビングの技術をよーく見ていてね」。ボクのヘッドフォンからはアンドリュー・ロイド・ウェーバーの「ピエ・イエス」が流れている。あの2月4日の夜と同じだ。鼻の奥が熱くなって、波間に漂う月明かりが一層かすんでいく。

だが夏の貿易風は相変わらず西から吹いてくる……。

キミオのダイブショップで、プレートを型枠に流し込んだ生コンクリートにはめ込む。あとは固まるのを待って塗装して完成だ。

## 記念碑沈め隊

ボクたちが到着した翌日から記念碑の製作が始まった。アッピンが生コンクリートを流し込む型枠を用意してきた。それに生コンクリートを流し込んでメモリアルプレートをはめ込み、乾いたところで型枠をはずし、コンクリートに塗装する。この作業はアッピンの従弟が担当してくれた。最初数日は雨だったため、なかなか思うようにコンクリートが固まらない。ボクとアッピンは固まり具合と天候を勘案して、作戦決行を二〇〇一年8月28・29日と決定した。まず28日には水深の浅い富士川丸のデッキに設置することで、設置の手順を「練習」する。そして翌日は大深度の愛国丸でそれを決行するというわけだ。

トラック島はキミオの努力によって世界屈指の沈船ダイビングのメッカと

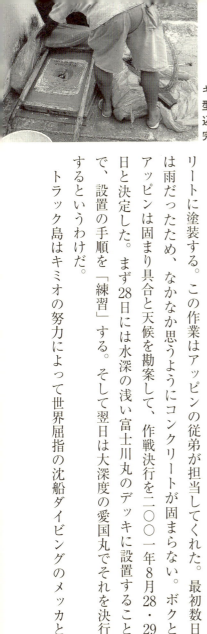

塗装を完了したキミオの記念碑。ひとつは富士川丸に、ひとつは愛国丸に。

なった。彼は太平洋で最も偉大なダイバーと賞賛された。アメリカ・オーストラリア・日本のみならず空路40時間もかけてヨーロッパからもダイバーが沈船を目当てに集まってくる。その中でも最も有名で人気の沈船が富士川丸だ。ボクもアッピンもキミオの偉大な業績を世界中のダイバーに知ってもらいたい。そこで記念碑のひとつは富士川丸に設置することにした。富士川丸では左舷デッキ中央にキミオが一九九四年に設置した慰霊碑がある。潜りに来たダイバーをガイドたちは必ずその慰霊碑に案内する。だからその隣に設置することにした。そうすればこの船に潜りにくる世界中のダイバーにキミオの業績を知ってもらえる。

ボクは昔話をするときのキミオが好きだ。心の宝石箱からとっておきの宝石をひとつずつ慈しみながら取り出して、大切そうに見せてくれる。満足げなかすかな笑みを浮かべ、水平線を見つめるような遠い目をして、巻き舌の流暢な日本語でかたってくれる。その隣で、ボクはいつも彼の横顔を見つめていた。彼の宝石箱には沢山の戦争中の想い出がはいっていた。その中でも愛国丸がひときわ輝いていたのだ。ボクもアッピンも最終目標は愛国丸にキミオの記念碑を設置することだ。しかし愛国丸は深い。アッパーデッキでも

完成した記念碑と記念写真。前列はロレンソー、トシエ、ふーさん、ナオコ。後列はトラック島ナンバーワンの操船手ミカ、アボ。

水深43m、ローワーデッキは60mだ。問題はどの部分に設置するかだ。ローワーデッキではあまりにも深く、人目に全く触れなくなる。アッパーデッキには一九九四年にキミオが“Operation Hailstone（雹作戦）”50周年を記念して設置した慰霊碑がある。その隣に設置すれば大深度潜水に挑戦して愛国丸を訪れる人の目にとまる。ボクたちは目標地点をそこに定めた。

問題は、どうやって50kgもあるコンクリートの固まりを水底に降ろして目的の場所まで運ぶかだ。しかしこれは意外に簡単なのだ。世の中にはアタマのいいヤツっているものだ。リフトバッグという便利な道具が発明されている。要は水中で使う熱気球と同じだ。空を飛ぶ熱気球は気球の下からバーナーを燃やして熱い軽い空気を送り込んで浮力をつける。リフトバッグもそれと同じ、気球の下の部分からダイバーのタンクのエアーを送り込んで浮力を調節する単純な原理だ。だけどバカにしたもんじゃない、ボクたちには浮揚力200ポンドという強力なリフトバッグがあるのだ。

目的の海域に到着したら、ロープに固定したコンクリートブロックを船から水の中に降ろしてぶらさげておく。そしてそのロープにリフトバッグを固定して浮力を調整してリフトバッグでブロックを支えてぶら下げる。そして

記念碑沈め隊大集合！　左からケン、ニック、ミカ、トシエ、メイソン、ボク、ナオコ、そして隊長のアッピン。撮影者、ふーさん。

船側のロープは万が一記念碑がリフトバッグの操作に失敗して落下した時のために、船上から繰り出しで延ばしていく。そしてリフトバッグの浮力を調節しながら徐々に潜行して設置場所まで運ぶという寸法だ。設置場所に着いたらリフトバッグのエアーを徐々に抜いて、ここぞと思った場所に置けばいい。これで完璧だ。

さあ、つぎはこのプロジェクトに参加するスタッフの構成だ。隊長はキミオの息子でボクの義兄弟、ブルーラグーンダイブショップをキミオから引き継いだアッピン。オペレーターはミカ、言わずと知れたトラック島でナンバーワンの操船技術の持ち主だ。潜水部隊はアッピンのほかに、ニック。これまた言わずと知れたボクが最も信頼するガイドのひとり。そしてケン。大柄でがっしりした精悍なガイドだ。冷静で力持ちで大深度潜水にも慣れている。口数は少ないが確実に仕事をこなす男だ。それからホテルのマネージャーのメイソンも参加してくれることになった。メイソンのフリッツ家とキミオのアイザック家は親戚なのだがその関係はボクにはよく分からない。彼はハワイ生活が長く、そこで会社を経営していたらしい。とても流暢な英語を話す元気いっぱいの30代前半のキレものだ。それをキミオがホテルマネージャーにと呼び戻した。ただ問題はそのお腹。ボクが「なんだよ、そのハラは！」というと、あいつ、すかさず「9ヶ月だ！」と応酬する。その贅肉が大深度潜水に耐え得るのかちょっと心配……そしてボク。多分アッピンとボクとケンが記念碑をぶら下げて、切り込み隊をやることになるだろう。それをニックとメイソンがサポートしてくれるはずだ。水中撮影はふーさん（うちの奥さん）とトシエにお任せ。船上の撮影はナオコが担当する。

こうしてボクたちの怪しげな「記念碑沈め隊」が結成された。だけどボク個人的には世界に誇れる実力集団だと思っているのだが……なんたってキミオファミリーの強者揃いなんだから。あとは決行日の好天を祈るのみだ。

リフトバッグの浮力を利用して、重い記念碑を富士川丸の甲板に着底させた。

# Dive #400(400回目の潜水)

二〇〇一年8月28日、例によって小鳥のさえずりと遙かなモーターボートのエンジン音で目覚める。ベッドから出てカーテンを開く。朝露に濡れたヤシの木々が黄金色に輝き、その向こうに青のグラデーションが広がる。ただひとつ昨日と違うこと、それは沖合に白波が立っていない。凪はようやく凪いでいた。

急いで朝食を済ます。そのあいだ中、トシエが「キミオさんが守ってくれてるんだ!」。これから始まるプロジェクトを前にみんな興奮気味だ。集合時間の9時30分にダイブショップの桟橋に向かう。記念碑は既にロープでしっかり固定されボートに積み込まれていた。「積み込むところから撮影したかったのにな……」とふーさん(うちの奥さん)が少し残念そうだ。各自

記念碑のリフトバッグとロープをはずしているアッピン（手前）とボク。

が潜水機材や撮影機材、そして食料飲料の点検をすませた頃、でかいダイビングバッグを背負ったメイソンが、例によって声から先に現れた。「おまえ、くれぐれも気をつけろよ、オヤジになったばっかりなんだからな、家族を悲しませんなよ。まっ、もっとも今日は富士川丸だから大丈夫だけどな」。心のなかでボクはそうつぶやいていた。

さあ出発だ。期せずしてこれはボクにとって400回目のダイビングになった。キミオを記念するプロジェクトがボクにとっても記念ダイブとなったわけだ。アッピンがおどけてトシエとナオコをボートにエスコート。コイツ、オヤジに似て女好きなんだから。ボートはウェロ島を出て、トロアス島とフェファン島の間をエッテン島に向けて進む。西の微風で海面は穏やか、ボートは飛ぶように進む。ボートはトロアス島のトルモン山の直下にさしかかる。「戦争中、この山の守備隊の兵隊さんたちにキミオは遊んでもらっていたんだなあ」などと考えている。ふと気づくとみんなそれぞれ物思いに耽っている。特にメイソンはこみ上げてくる感情を押し殺したこわい顔をしている。「いよいよだよ！　待っててね、キミオさん」。疾走するボートの風圧でボクの目尻から耳へと熱いものが伝わっていった。

エッテン島の沖合、目的の海域に到着するとアッピンがボートの舳先に立つ。今、彼は周囲の風景を慎重に見ている。それを基に、目に見えない海の底に眠る富士川丸の正確な位置を探っている。そして彼がここだと決めた場所に錨を投げ込む。すると我々のボートの錨は見事に富士川丸に引っかかった。最近はダイブショップのオーナーでトロアス島の知事という要職にあり、めっきりデスクワークばっかりになったアッピンだが、トラック島でナンバーワンと言われた名ガイドの腕は衰えていなかった。「やっぱりおまえ、オレのmy bro だぜ」。ちょうど富士川丸にはダイブクルーズ船のオデッセイが来ていた。今、多くのアメリカ人ダイバーが富士川丸を潜っているんだ。

「よしよし、ギャラリーが多い方が燃えるぜ！」さあ、いよいよだ！ まずアッピンとケンとボクがエントリーする（海に入る）。船上ではメイソン、ニック、ミカが記念碑を海中に降ろす。ふーさんとトシエは撮影のためにエントリー、船上ではナオコがみんなの奮闘を撮影している。

水中では降りてきた記念碑にリフトバッグを固定した。アッピンがその浮力を調節し、ボクが船から下ろされて記念碑に固定されているロープをコントロールしながら、ケンが記念碑を運ぶ。ボクたちに記念碑をバトンタッチしたニックとメイソンがエントリーして僕たちに合流した。直下にはうっすら陽の光に照らし出された富士川丸の左舷デッキが見えている。アッピンがリフトバッグにエアーを送り込み、盛んに浮力を調節している。ボクとケンとニック、そしてメイソンがデッキの"Hailstone"の慰霊碑の隣めがけて一気に記念碑を運んでいく。設置場所に着いた記念碑は位置の微調整の後、リフトバッグがはずされロープが解かれた。ボクがリフトバッグを、ケンがロープを回収する。そして出航の時、ロレンソーが持たせてくれた花を記念碑に供えた。そしてすかさず時計を見る。ここまで所要時間が14分だ。

「ヤッたな」ボクはアッピンに握手を求めた。だがアッピンはそのボクを強く抱きしめた。コイツまたレギュレターの奥であの魂から滲み出るような"Thank you, Thank you"を言ってるんだろうな。彼の抱擁の強さと達成感で、涙が溢れる。思わずボクは自分のマスクをはずして水中で顔を洗っていた。

気が付くと、周囲にはほかのダイバー達が集まってボクたちの作業に見入っていた。中には夢中になって写真を撮りまくっているダイバーもいる。「そうだよ、その写真、国に帰ったらいろんな人に見せてやってくれよ」。ふーさんが記念碑を囲んだボクたち「記念碑沈め隊」の記念写真を撮っていた。その水中写真家も、ボクたちの記念写真を撮っていた。ボクは心地良い達成感と少し誇らしい気持ちに酔っていた。ボクたちはすこしずつ、ゆっくりゆっくり浮上を始めた。記念碑のもとを去りがたい気持ちを抑えながら。水面から差し込む陽光が水深17ｍの記念碑の上で、富士川丸のデッキの上で、ゆらゆら揺れている。

2月4日、この地を後にしてから今日までのことが走馬燈のように脳裏をよぎっていく。次第に記念碑が小さくなっていく。記念碑に焼き付けたキミオの写真が微笑んでいる。水深5ｍで安全のため減圧停止。ここで数分間呼吸して、高圧下で体内に溜まった窒素を排出して、減圧症の予防をしてから浮上だ。早くボートの上でみんなと歓びを分かち合いたい。時間が経つのが遅い。ふと見上げるとナオコがマスクとスノーケルそしてフィンをつけて水面に浮かんでこちらを覗いている。ボクは富士川丸のマストの上に座って彼女に手を伸ばす。そこは水深5ｍ。沈没してから57年の間に船体について育った珊瑚やソフト・コーラル、そしてイソギンチャクが陽光に照らし出され極彩色を競いあっている。その間を無数の稚魚たちが泳ぎ回り、竜宮城があればきっとこんな美しさなんだろうなと思ったりする。ナオコが潜ってくる。あと少しで手が届く所まで来るのだが……「だいぶ素潜り上達したな」。水面に向かうナオコの体にもコーラルにも陽光がゆらゆら漂う。やっぱり海は浅いほど美しいものだ。

ボートの上では、先に上がった仲間が迎えてくれる。「やったな、大成功だ！」。みんなと握手してまわる。そしてアッピン、どちらからともなく再び抱き合って健闘をたたえる。

「3000マイル離れていても、オレたちやっぱり兄弟だよな……」

ボクたち記念碑沈め隊を乗せたボートは、名人ミカの操船でややうねりの残るトラック環礁をウェロ島に向かって疾駆していく。作戦成功にみんな底抜けに明るい。達成感や安堵感、そして充実感に心地よい潮風が、ボクたちをくすぐる。「よし、明日は愛国丸だ！」とアッピンの明るい声。

「とにかく今日は成功だ！　これで世界中からここを訪れるダイバーたちにキミオの功績を知ってもらえる。たとえ明日、愛国丸の作戦に失敗しても、とにかくキミオとの約束の半分は果たせた。よかった……」

みんなと騒ぎながらも、ボクはそんなことを考えていた。両肩が僅かに軽くなっていた。

ウマン島を背に、右舷にトロアス島、左舷にフェファン島を見ながら、正面のウェロ島にボートは進んでいく。インディゴブルーの海に長く真っ白な航跡、瞳に溢れるまぶしい陽光。ウェロ島に聳える山の稜線が緩やかに右に流れる。島の左端には平坦なビーチが輝き、ヤシの木がまばらに並ぶ。その合間からホテルが小さく見えている。いつも海から帰るときに見慣れた風景だ。一日海に出ていた後の心地よい疲労感と共にこの風景に抱かれる。今までに何百回もこの風景の中を走ってきた。だが決して飽きることのない風景。ボ

記念碑沈め隊出港準備。

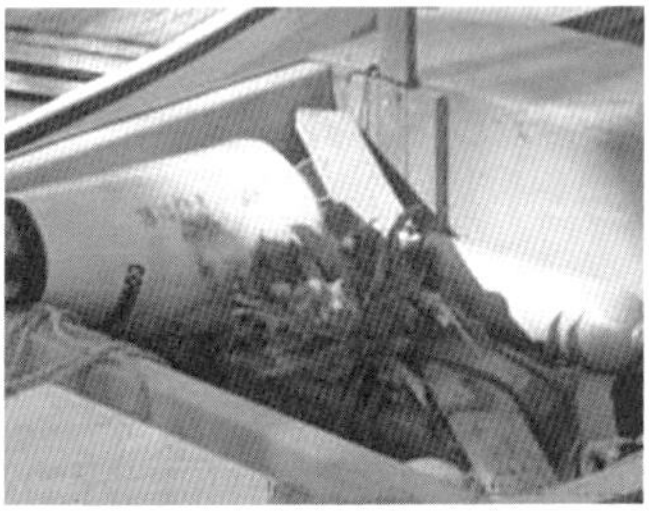

ロレンソーが花束を用意しておいてくれた。

富士川丸現場にて。記念碑をロープに固定する。

メイソンがアンカーロープを富士川丸に固定する。

いよいよボクがエントリー(海に入る)。後ろにダイブクルーズ船オデッセーがいる。船上から多くのギャラリーがボクたちを見ている。

キミオが設置した富士川丸の慰霊碑の隣にキミオの記念碑が並ぶ。

成功して思わず抱き合うアッピン（右）とボク。

記念碑を前に記念碑沈め隊集合！　今日の富士川丸は大成功だったが明日の愛国丸は……。

クという人間の原点だ。もうすぐウェロ島に着く。

だが、ボクには気がかりがひとつあった。水深17mで所要時間が14分。最も浅い部分で43mの愛国丸では、いったい何分かかるんだろう。

「これじゃ時間がかかりすぎて大深度では危険すぎる……」

明日の愛国丸大作戦を前に、サンセットを眺める。グリーンフラッシュでるか？

## Green Flash（グリーン・フラッシュ）

いつのことだったか、このウェロ島に停泊していたヨットマンに聞いたことがある。雲がかかっていない水平線に夕日が沈む時、太陽が水平線の向こうに完全に隠れるまでの一瞬、空が緑色に光るのだそうだ。Green Flash……ボクはまだ一度も見たことがない。キミオのホテルはまばらに立つヤシの林の中にある。その足下は良く手入れされた緑の芝生の絨毯が敷き詰められている。その絨毯をたどっていった先には真っ白なビーチが広がる。瞳に溢れる陽光の中に木々のみどりが黒々と輝き、眩しい白い砂に青のグラデーションが連なる。はっと息を呑む美しさだ。

しかし、ビーチバーがオープンするころ、自然は今までとは趣の異なる第二幕をちゃんと用意しているのだ。ヤシの木々と緑の絨毯は次第に黒いシルエットに変わる。そのシルエットの向こうで空は黄金色に輝きながら、次第に赤さを増していく。空も海もビーチも赤く燃え上がり、ぽかりと浮かんだ雲たちは鮮やかな陰影を醸しだし、みんな今日一番の美しさを競い合う。そして赤く染まった海の上を、家路をたどるボートのシルエットが横切っていく。その船上の人影が、エンジン音が日暮れの郷愁を誘う。ボクは桟橋に座ってサンセットを眺めるのが好きだ。ボクの横にはコロナのビンがちょこんと座っていることもあれば、カメラの三脚がいかめしく足を広げていることもある。不思議なことに、美しい夕日を前にすると人は皆、寡黙になる。自然と呼ぶにはあまりにもスケールの大きい圧倒的な美しさが奏でる荘厳な地球の調べに耳を傾けながら、茜色のドームの中でいっとき哲学者になる。そして自分の外側にある地球と自分の内なる宇宙が融合するのを感じるのだ。

今日、ボクたちは富士川丸にキミオの記念碑を設置してきた。作業は思い通りに進んだ。明日の愛国丸への挑戦を前に、サンセットを見ながら今日一日を思い返し充実感に満ちた時間が流れる。一艘、また一艘とボートが赤く染まった海に家路をたどる。船上の黒いシルエットがこちらに手を振りながら遠ざかっていく。太陽が次第に水面に近づくにつれ、水平線に漂う雲がはっきり見えてきた。「今日も水平線には雲がかかってるなあ……」だが、今日はいつもとちがっていた。なんと太陽は水平線にかかる雲の手前を沈んでいくではないか。「もしかすると水平線に沈む太陽が見られるかもよ」。喜ぶボクたちの大騒ぎが始まった。何百回もここで夕日を見ているのに、水平線に直接沈む夕日を見たことがなかったからだ。太陽が水平線ギリギリに近づくと、水面に反射して、さながらもうひとつの太陽が下から迎えに出てきたようだ。ふたつの太陽は合体して、それからはあっという間に水中に没していった。「さあ、もしかするとGreen Flashがでるかな」、みんなが期待している。「キミオさーん、ありがとう！」トシエとナオコが大はしゃぎ。

このふたり、くやしいことにボクよりも若干ではあるが背が高い。日焼けからか、顔立ちからか、それとも身長からか、日本人ばなれした二人が桟橋でサンセットを見ながら大はしゃぎをしているのだから目立たないはずはない。いつの間にかGreen Flashを期待する多国籍ギャラリーができあがっていた。日本語と英語が飛び交う。ものの数十秒で太陽は完全に水平線に没した。みんな今か、今かと緑に光るのを待っている。しかし美しい夕焼けはその赤味を増していくだけだった。「だめかな……」だけどあまりにも美しい夕焼けを前にしてみんながっかりするどころか興奮さめやらず。近くで一緒に夕焼けを見ていた若いアメリカ人夫婦は、自分たちの赤ん坊をトシエに抱かせて、「この子を抱いて夕陽をバックに写真に写ってくれ」。トシエとナオコがよっぽど珍しい人種に見えたんだろう。この若いお父さん、ちゃっかり自分もトシエの隣で写真に写った。

ボクはこんな時間が好きだ。見知らぬ者同士が旅先で何かをきっかけに仲良くなる。言葉を超えて、人種を超えて。だからボクはこのホテルのサンセットバーが好きだ。そこに行けば、英語で気持ちを通じ合わせることができる新しい友だちが必ずできるから。そうこうしているうちに今日もドック（Doc）がサンセットスイミングにやってきた。この人、トラック島に駐留するアメリカ空軍の民間活動部隊の医師なのだ。現地人に聞くと「アイツは名医だよ」という説と、「うーん、だめだな」という説に分かれているようだ。いずれにしてもボクたちには面白い遊び相手だ。毎日夕方になると、ホテルの桟橋に現れ、ひとしきり泳いで、また飄々と帰っていく。結構な年だが、なかなかいい体つきをしている。「ドック、がんばれー！」ナオコがおどけて声をかける。

異国で、できたての友だちとこうして盛り上がっているさ中、一瞬ボクは凍りついた。とんでもないことを思いだしてしまったのだ。ボクは2月にキミオの弔問から帰国する夜、キミオに約束した。これからはキミオの誇りをボクとアッピンが受け継いで、キミオのために日本の軍艦旗をはためかせながらトラック環礁を走り回るからと。だのに、明日、いよいよキミオの最愛の沈没船愛国丸に挑戦するというのに、ボクは日本で軍艦旗を調達してくるのを完全に忘れていた。どうしよう、約束が果たせない。明朝ホテルとダイブショップを探すしかない……。

深夜、ボクはホテルのビーチからキミオのトロアス島に向かって張り出した例の砂州に立った。キミオと話をするボクのお気に入りの場所だ。ふと西を見るとだいぶまるくなった月が海面を照らし出している。月の真下の水平線からボクの足下まで海の上に一筋の銀色の帯が揺らめきながら輝いている。あまりに月が明るいため、星はまばらにしか見えない。風も凪いで、波音が穏やかに優しく胸に沁みいってくる。

「キミオさん、いよいよ明日だよ。愛国丸に挑戦するよ。あしたは今回の滞在の最終日さ。作戦がうまくいくように守ってくださいね。あなたはボクたちを海の強者に育ててくれた。そう、ボクたちは太平洋で最も偉大なダイバーと言われたあなたの弟子です。絶対に成功させてみせます……」ボクは父に抱かれ思いっきり泣いていた。青白い月明かりに照らされながら。

今日、富士川丸での潜水時間14分、あした愛国丸では水深50m近くでの作業となる。それだけの時間がかかるなら危険過ぎる。エアー切れの恐れもある。「予備タンクを使うか……」「それじゃあ、減圧症の危険が増すし……」いろいろと考えはするが、ちっとも怖くはない。6ヶ月間、この日のために準備を進めトレーニングを重ねてきたのだから。武者震いで明日に向かって気がせくばかりだ。ただひとつ気になること。

「どこかで日本の軍艦旗が手にはいるかな……」

早朝から愛国丸大作戦の準備が始まった。

# 記念碑沈め隊出動

二〇〇一年8月29日午前7時、ボクはブルーラグーン・ダイブショップの桟橋に立った。快晴、無風。鳥たちのさえずりとヤシの木々からしたたる朝露がきらめき心地よい。天候は完全に安定した。「よし、いいぞ！」海面には波ひとつなく、まるで油の表面のようにドロンと真っ平らだ。Dead Calm（ベタ凪）、航行にはあまり良くはないが、作業を行うには願ってもないコンディションだ。気合いが入り、次第に興奮が高まっていく。いつもだったらまだ眠りを貪っているのだが、昨晩は頭が冴えて眠れなかった。睡眠不足……今日の作業手順をどうするか、旗をどこで手に入れるか、様々な光景がひきもきらず脳裏に現れては消えていった。昨晩月明かりの砂州から部屋に戻って眠ったのか眠らなかったのか……だが、これからのことを考える

アッピンが見つけてくれた日の丸をメインと船に固定する。「ゴメンネ、キミオさん。軍艦旗なかったよ……」

と、眠気などどこかへ吹っ飛んでしまい跡形もない。

ダイブショップでボクは真っ先にアッピンを探した。「ネソランニム！ おい兄弟、おまえ日本の旗を持ってないか？ できれば日本の軍艦旗がいいんだけど……オレ1月に来たときキミオさんに約束したんだ。今度トラックの海に出るときはキミオさんの誇りはオレとアッピンで受け継ぐってな。だから旗をつけて今日は海に出たいんだよ」しばらく考えていたアッピンが“I think I have one, maybe in my office……let me check.”よし、少し期待できそうだ。

桟橋では、スタッフたちが淡々と作業を進めていた。記念碑をロープに固定して積み込む。タンクの積み込み、本数の確認。そしてエンジンの点検と早朝の作業が続く。予備タンクの本数と水中でのエアー・ステーションの設置位置置等をニックに指示する。簡単な朝食をとって、食料や飲料を準備して、アッピン隊長と最終的な打ち合わせをする。いよいよだ。「潜水時間が14分以上かかろうが知るもんか！ もうやるっきゃないっ!!」積み込んだ潜水機材や作業機材などを確認して、いよいよミカがエンジンを始動した。アッピンは旗のことを何も言わなかった。ボクはそれが気がかりで仕方なかった

キミオとの約束通り、記念碑沈め隊の船が日の丸をはためかせトラック環礁を疾駆する。左からカメラマンのナオコ、操船中の名手ミカとケン。

が、敢えて聞かなかった。「アイツのことだ。なかったと言ってボクを落胆させるより忘れたふりしてるんだろうな。いいヤツだよな……」「キミオさんゴメン……旗の約束果たせなかったよ……」

バウライン（もやい綱）が解かれ、ボートは桟橋を離れた。いよいよだ！ボートは舳先を東に向けて動き出す。すると舳先に座ったアッピンが何かごそごそと動いている。見ると何やら白い布を広げ始めたではないか。「アキオ！」アッピンが子どものような笑顔でボクに見せているのは日の丸ではないか！「あったんだ！」彼からその日の丸を受け取りボクはボートの柱にくくりつけ始めた。ボートはどんどん加速して鏡のような水面をすべっていく。ボクの様子を見てメイソンが手伝い始めた。昨日と同じ、こみ上げてくる感情を押し殺すようなこわい顔をして無言で手伝う彼を見て、「おまえには旗のこと何も話してなかったけど、やっぱりオレの気持ちわかってくれてんだな……」メイソンに心の中で礼を言いながら作業は続く。ボートはウェロ島とトロアス島の間を東に疾走する。トロアス島のひときわ立派なマンゴーの木が見えてきた。あの下にキミオは眠っている。

「キミオさん、舞台は完璧に整ったよ、さあいよいよだ。ボクたちを守ってくれよ！」ボクは舳先のアッピンの隣に座る。彼も遠くを見つめて押し殺したようなこわい顔をしている。ボクは思わず左腕でヤツの肩を抱く。腕に伝わる嗚咽はボクのものなのか、ヤツのものなのか……ボクの右にはニックが立っている。ベタ凪ぎの危険な水面を見つめ暗礁を監視しているのだ。ボクは右手をニックの肩に乗せる。そのボクの手にニックの手のひらが重なる。「あったかい……」。

ボートはトロアス島の東端から沖合に向かい、ほどなく愛国丸の眠る海域に到着した。アッピン、ニック、ケンが周囲の島々の位置関係を基に、正確な愛国丸の位置を割り出して、アンカーを海に投げ込む。アンカーに結ばれた黄色いロープがどんどんインクブルーに吸い込まれていく。まだまだ吸い込まれていく。深い……！　これから潜らねばならない深度をイヤというほど思い知らされ、ボートの上に緊張がはしる。だが誰もひるまない。アンカーは水底の愛国丸に見事に引っかかった。

さあ、作戦開始だ。ケンとアッピンとボクが先ずエントリーして（海に入り）、メイソン・ニック・ミカがボートから記念碑を降ろす。ボクたちがそれにリフトバッグを装着する。水中ではケンが運搬し、アッピンがリフトバッグの浮力調節を行い、船上から送り出される記念碑のロープをボクがコントロールする。ボート上のニックとメイソンは記念碑にリフトバッグが装着されるのを確認してからエントリーして海中で合流する。船上に残ったミカがロープを送り出す。トシエはアンカーロープの水深30mに非常用のエアー・ステーションを設置する。そこにエアー切れになった隊員のために予備のタンクを用意しておくのだ。その他にも後続のニックとメイソンが非常用のタンクを1本ずつ持ってくる。ケンは最初からダブルタンク（タンクを2本背負って）で潜っている。合計すると4本の非常用タンクをボクたちは確保しているわけだ。これなら全員がエアー切れになっても大丈夫だ。

ナオコは船上で我々の作業を一生懸命撮影してくれている。みんなのこの作戦への思い

愛国丸の甲板の慰霊碑。周囲には発見された遺骨が集められている。

いよいよだ！ケン(下)が潜行の方向を定め、アッピン(中)がリフトバッグの浮力を調整し、ボク(上)が船からのロープを繰り出し、記念碑を愛国丸甲板目指して一気に沈める。

愛国丸のアッパーデッキに記念碑を着底させる。左がケン、右がボク。

記念碑の設置を完了して記念撮影。さすがに深くて暗い。

入れが、彼女にも伝わっている。ふーさん（うちの奥さん）は全作業を水中撮影する。彼女も水底まで来るつもりだ。数日前のことだ。「どうする、愛国丸のデッキまで潜るつもりなの？　危険だよ」。ボクの心配をよそに彼女は当然のことという顔だ。「運動神経でも海のセンスでも彼女はボクより上だし、エアーの『燃費』はボクの半分近くて経済的だ。それだけエアー切れや減圧症の恐れも少ないし……まっいいか……」

水面で待つボクたち3人の所に記念碑が降ろされた。凪いでいるので作業がしやすい。ケンがリフトバッグに固定する。すかさず熱気球のような形をしたリフトバッグの下からアッピンがエアーを入れる。陸上ではあんなに重かった記念碑が水面下でリフトバッグにぶら下がって浮かんでいる。なんか不思議な光景だ。ケンが潜行を始めた。少しでも深度が深まれば、水圧があがる。増えた水圧はリフトバッグのエアーを押しつぶす。体積の減ったリフトバッグは浮力も減る。浮力が減ればますます潜って行く。だから潜行を始めたリフトバッグにはエアーを足してやらないと加速度的に沈んでしまう。しかし少しでも入れすぎると、全く逆の理屈で加速度的に浮上してしまう。この兼ね合いが実に微妙だ。アッピンが慎重にエアーの量をコントロールしながら、ボクたちはどんどん沈んでいく。ボクは夢中になって船からの記念碑につながっているロープを引っぱりながら潜っていく。最悪の場合、リフトバッグのコントロールに失敗して記念碑が水底に落下していっても、このロープで船上から食い止めることができる手はずだ。下を見ると、もうボーッとる愛国丸のアッパーデッキが見えてきた。「ああ、もう30mを越えたんだ」などと思っていると突然船から送られるロープが軽くなった。ロープが伸びきって足りなくなり、船側の結索を解いたのだ。たぐり寄せるとロープの船側の端がボクの手元に来てしまった。「これでは浮力調節に失敗して記念碑を海底に落としたら、二度と回収できないぞ」一気に緊張が走る。

気づいていないアッピンとケンはどんどん潜行を続ける。「どうしよう……今のところリフトバッグのコントロールはうまくいっているし、あと10mそこそこだ。このまま行っちゃえ」。ボクは二人に船側のロープが解かれたことは伝えなかった。ボクたち3人はどんどんと水底に落ちていく。「アッピン頼むぞ、ドジんなよ！」心の中で叫ぶ。まもなくボクたちは愛国丸のアッパーデッキにたどり着いた。下にはキミオが94年に設置した慰霊碑が見える。相変わらずその慰霊碑の周囲には遺骨が散乱しているのがわかる。遺骨にも慰霊碑にもうっすらドロがつもっている。ボクたちは慰霊碑の隣に着底した。記念碑を慰霊碑の隣にならべ、リフトバッグをはずし、記念碑を縛ったロープを解く。ボクはすかさず時計を見る。水深45mで潜行開始からなんと8分しか経っていない！　きのうより6分も短縮できた、それも約3倍の大深度で！　これなら大丈夫だ、何とかなる。気がつくとニックとメイソンもボクたちに合流できた。もちろんふーさんは一部始終を彼女のお宝カメラで撮影している。「これなら全員で1枚記念撮影してから浮上開始しても大丈夫だろう」。

会話ができない水中で、ハンドシグナルで指示をして手早く記念撮影。そして時間に追われるように浮上を開始した。ここからが次の勝負だ。補助タンクを使わずにエアーがもつか……。

帰りは大荷物だ。補助タンク2本、記念碑を縛っていたロープ、リフトバッグ。それらを分担してボクたちはゆっくり、ゆっくり浮上を開始した。薄暗い世界から徐々に明るい世界に戻っていく。しかしまだまだ水面は見えてこない。水深30ｍでトシエの設置したエアーステーションを撤収して、増えた荷物をかつぎながら水深18ｍまで戻る。ここからは忍耐力の勝負だ。腕につけているダイブコンピューターが減圧時間を計算して表示している。ボクたちは一定の水深に一定時間留まって呼吸することで、大深度下で体内に溜まった窒素を排出しなければならない。上の方にうっすら見えているボートに簡単には戻れないのだ。多分ここからボートまでもどるのに50分近くかかるだろう。特にケンとアッピンとボクは肉体労働してきたわけだからエアーの消費も多い。と、いうことは体内に溜まった窒素量も多い。しかし逆にタンクのエアーは心細くなっている。ボクの残圧計の針はとっくにレッドゾーンに入っている。「大丈夫、3日盛分残っている。5ｍなら50分はもつ。今が12ｍ、あと一日盛の消費で5ｍにたどり着けば何とかなる……」。浮上開始から何分たったであろうか。ボートを見上げると、その上で動いているミカの姿が見える。水面ではナオコが泳ぎながらこちらに手を振っている。ようやく5ｍだ。

明るい、彼等の姿が安堵感を与えてくれる。残圧計を見ると残り一日盛半、ダイブコンピューターはあと19分ここにいろと言っている。これならギリギリだけど非常用タンクの世話にならないで上がれる。残りの隊員もみんなエアーの残りを計算して先が見えたのか、水深5ｍで気ままに遊び始めた。気がつくとアッピンが見事なバブルリングを作って遊んでいる。レギュレターをはずして口から勢いよく吐き出した空気が見事なドーナツ型になって水面に向かって銀色に輝いている。「オレたちやったな、アッピン」などと考えながらボーっとしていると、いきなり背中をど突かれて驚いた。振り向くとボートから素潜りで入ってきたトシエが握手を求めているではないか。彼女はエアーステーションを設置して水深30ｍに危険のないぎりぎりの時間まで待機して、我々より先に浮上する手筈だったのだ。「やったネ！」そう言いたかったんだろう。「おいおい、ボクはまだ浮上できないんだぜ、エアーもほとんどゼロだしな。喜ぶのはまだ早いぜ」とボク。考えてみれば彼女と父上がいなければこのプロジェクトは実現できなかった。そして父上の力作が設置できたのだから、彼女の感激もひとしおだろう。

やることもなく暇な浮遊時間がゆっくりと過ぎていく。暇なボクは「燃費」のいいふーさんのエアーの残量が無性に知りたくなった。10mほど先に浮かんでいる彼女の所に泳いでいく。残圧計を見て思わず後悔した。「見なきゃよかったよ……」。なんと彼女のタンクにはまだ半分エアーが残っているではないか！

減圧時間を終え、アッピン、ニックと三々五々隊員達が船に上がる。ボートの上でみんなが喜ぶ姿がゆらゆら揺らめいている。減圧終了を示すダイブコンピューターに促されてボクも水面に上がった。波ひとつない鏡のような水面でボクは歓声をあげていた。ボートのラダーにつかまりフィンをはずす時間がじれったい。「アッピン待ってろ、あと3秒で行くからなっ！」ヤツの分厚い胸板からもう嗚咽は伝わってこない。ボクたちみんなは互いに抱き合い握手で健闘を讃え合った。ボクはおどけて舳先から高飛び込み。真っ逆さまの空中遊泳のあと、ボクの体は真っ白な泡と共に偉大な青の世界に吸い込まれていく、深く、深く。

「終わった……………」

ボクは舳先のアッピンの隣に座る。彼も遠くを見つめて押し殺したようなこわい顔をしている。ボクは思わず左腕でヤツの肩を抱く。腕に伝わる嗚咽はボクのものなのか、ヤツのものなのか・・・ボクの右にはニックが立っている。ベタ凪ぎの危険な水面を見つめ暗礁を監視しているのだ。ボクは右手をニックの肩に乗せる。そのボクの手にニックの手のひらが重なる。「あったかい・・・」—本文より—
左からアッピン、ボク、ニック。

記念碑沈め隊、船上に帰還。達成感で高揚。中央がメイソン、2列目左からミカ、トシエ、ふーさん、ケン、ボク。後ろにニック、アッピン。撮影者、ナオコ。

## コンクリートの感触、再び……

それからボクたちのボートはホテルに戻らず、トロアス島に向かった。誰が言うでもなく、それが当然のことのように。ボートはキミオの家の前のマングローブの浅瀬まで来た。大潮の干潮でプロペラが水底に引っかかってしまうのでここから先はエンジンが使えない。ニックとアッピンが水に入りボートを押し始めた。入り江の奥にあるキミオの家が見えてきた。そこには海に面したバルコニーがある。キミオを訪ねてここに来ると、よく彼は大きなお腹を抱えるようにしてここに座って海を見つめていたものだ。上半身は裸で肩には大きな錨の入れ墨があった。ウエストにゴムの入ったラヴァラヴァというスカートみたいなものをはいていた。海を見つめる彼は、永遠の彼方まで見据える哲学者だった。あの光景が脳裡をよぎってくる。

記念碑沈め隊、キミオの墓に報告に向かう。

そのマンゴーの巨木はキミオの家から道路を挟んだ向かいの斜面を少し登ったところにある。木陰のキミオの墓まではコンクリートの階段が作られている。みんな寡黙にそこを登っていく。突然ナオコの「ぎゃー」が聞こえ、彼女が視野から消えた。彼女の転倒が、みんなの笑いを取り戻した。階段の段差が一定ではないのだ。だが、みんなが力を合わせて作った手作りの階段の稚拙さから、みんなのキミオへの思い入れがイヤというほど伝わってくる。

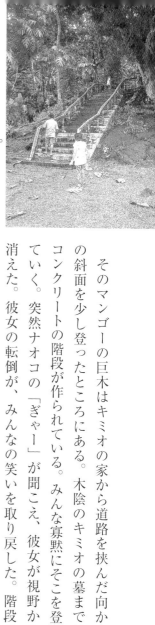

兄の墓の隣に眠るキミオの墓になぜか今日は傘がさしかけてある。「あれっ」と訝しげなみんなは、墓に近づいてすぐに納得した。記念碑と同じメモリアルプレートがコンクリートで固定されたのだ。それが乾くまでの雨よけだった。愛国丸での大作戦が成功して、記念碑沈め隊の隊員達は海から上がってまだびしょ濡れのままだ。みんな寡黙に墓を取り囲んで見つめている。それぞれが、それぞれのキミオと語らっている。親父キミオと、あるいはキミオ叔父と。ついさっきまでの奮闘を話題にして。

六ヶ月前、ボクはここに座りキミオの墓に手を置き、あの大きくて分厚い

記念碑沈め隊、キミオの墓で記念写真。ダイブショップのスタッフが墓にもプレートをはめてくれていた。撮影者、ナオコ。

父の手の感触を探し求めてアッピンと泣いていた。しかしそこにあったのはまだ乾ききらないコンクリートのザラザラした感触だった。ボクはキミオの旅立ちを見送ることが出来なかった。その時、1000マイルしか離れていないグアムにいたにも関わらず……。喪失の実感すら得られず悲嘆にくれるボクに、旅立った哲学者は黙して何も語ってくれない。このコンクリートの感触のみをメッセージとして残していった。

しかし彼の沈黙の知性はボクたちを成長させた。記念碑沈め隊計画でボクたちは結束した。そして未だ嘗てないほど強い連帯感で繋がった。それはとりもなおさずキミオとの繋がりの強さを再認識することでもあった。キミオと強い繋がりを持つ者たちが、キミオを介して互いに強い絆で繋がり、今ここにキミオを囲んでいる。「そうか、多分ボクたちはハメられたんだ！」ようやくボクはそのことに気づいた。キミオという沈黙の哲学者がその知性をもって人生の終幕で命に代えて仕掛けたキミオマジックに……ボクたちは見事に引っかかった。

半年に及ぶ準備で危険な作業を成功させ、今ここにいるボクたちは自信を持って言える。「オレたちはみんなキミオファミリーさっ！」これが沈黙の哲学者が命に代えて目論んだものだったんだろう。「大丈夫キミオさん、オレたちは以前よりも固く繋がったからね。あなたのマジックにまんまとハメられたね！　やっぱりあなたは偉大だよ」。

ボクたち記念碑沈め隊はキミオを囲んで記念撮影をして、意気揚々とウェロ島に凱旋する。ボートから、キミオの眠るあのひときわ立派なマンゴーの木が見える。あのコンクリートの感触は、いつの間にかボクたちの絆の象徴になっていた。

ガーデニア、アンシード主催の晩さん会にて。

# マイカイ

トラック島を去る朝、例によって忙しい一日の始まりだ。ボクは気が気でなく早く目が覚めてしまう。これから荷造りをしていろいろと挨拶回りだ。トラックを去るのは淋しいが、今日はどこか晴々した気分だ。心なしか僅かに肩が軽くなっている。朝食前にダイブショップに顔を出し、これから船を出す連中に別れを告げる。「おーいみんな写真とろうぜ！」というわけでキミオ軍団の大集合だ。トラック語で写真は「シャシン」なのだ。「シャシン」「シャシン」騒いで巡ればみんな集まってくる。

みんな積み込んだ潜水機材を確認して桟橋を離れる。これからホテルの桟橋にダイビング客を迎えに行くのだ。そしてまた彼らの新しい一日が始まる。アッピンは朝から彼のオフィスで何やら準備をしている。今日これから

ダイニングのスタッフの面々と。中央が生真面目な料理長。

彼が知事をしているトロアス島で会議なのだそうだ。ボクを見つけて"Thank you for yesterday."ボクはすかさず"You're welcome sir. Sir, see you next time in Japan."とギャグで応酬する。さすがに"sir"にはバツが悪そうだ。会議が早く終わって我々の出発に間に合えば戻ってくると言うアッピンに「いいよ、いいよ見送りなんか。またすぐ会えるさ、my bro」と抱き合う。多分今回コイツと抱き合うのはこれが最後だな。新調したボートでトロアスに向かうヤツを見送る。そしてメケンシーが、アントニオが海に出ていく。こうしてスタッフみんなの出発を見送るのが帰る日の朝の恒例なのだ。ショップの中ではリッチーが相変わらず忙しそうだ。

しかし、ショップの桟橋でしばし待つがニックが現れない。昨日、記念碑沈め隊が帰還した時「今日、トロアスに戻るのか」と聞くボクに「戻るけど、明日の朝にはショップにいるから」とニック。「へぇー、じゃあ今夜飲みすぎんなよ」というボクにちょっとバツの悪そうなニックを思いだしていた。「きっと、トロアスで二日酔いでダウンしてるんだろ、まったく……」とボクたちはショップの桟橋を後にして遅い朝食に向かった。ダイニングのスタッフたちにも別れを告げる。特に昨晩の彼等の奮闘には感謝、感謝。

昨日の夕方、サンセットを見ていると屋外のパーティースペースでパーティーの準備が進んでいた。「何だろうね？」「きっと政府の偉いヤツが宴会するんだろ」「そういえばさっきアンシードの車来てたもんね」などと言っていた。アンシードはアッピンの姉ガーデニアの夫でチュークの州知事だ。ボクたちはボクたちでアッピンとガーデニアと食事をする約束だった。約束の時間にサンセットバーでアッピンと落ち合う。サンセットドリンクを飲みながら、今日一日を語る。しっとりとした時間が流れる。どっぷりと陽が沈んだ頃、ボクたちはアッピンのエスコートで食事に向かう。ボクたちが案内された先は、何と例のパーティースペースではないか。そこではガーデニアとアンシードが待っていてくれた。もちろん例によって警備の警官もいた。何とあの準備はボクたちのためのものだったのだ！　ボクたちがそこでトラック・ブルーラグーン・リゾートの料理長の渾身の作を心行くまで堪能したことは言うまでもない。

"Thank you, Chef. We'd really enjoyed our dinner last night（料理長、ゆうべはありがとうございました。ほんと、おいしかったですよ。）"料理長に挨拶する。この人、めちゃくちゃ真面目そうなフィリピン人だ。それからダイニングのスタッフみんなに別れを告げて記念写真をとる。6ヶ月前といい、今回といい彼等の心遣いにどんなに悲しみがいやされたことか……。

フロントスタッフと。中央がシンシアラとマイカイ。

部屋に戻って、荷物の残りを片づける。もうほとんど時計とにらめっこだ。チェックアウトまであと1時間……荷物と悪戦苦闘しているとドアをノックする音。さっきから隣の部屋のナオコとトシエがなんだかんだと用があって訪ねてくる。「忙しいのに……もうっ」と思ってドアを開ける。バツの悪そうな神妙な顔で立っているのはニックだった。「サヨナラを言いに来た……」ボクたちの予想は見事に当たった。ヤツのバツのわるそうな顔を見れば、今朝桟橋にいなかった理由を聞くまでもない。彼の不器用な誠意がドアの向こうでヤシの葉をそよぐ爽風に重なる。「別れなんかいらないさ、オレたちファミリーだもんな」。今度チュークに戻る時、またニックと愛国丸を潜るだろう。その時、記念碑は時の流れに磨かれてどんな顔でボクたちを迎えてくれるのだろう。ボクたちの楽しみがまたひとつ増えていた。

チェックアウトの時間、荷物をスタッフに預け、身軽になってフロントに行く。この十数年間に何回開け閉めしただろう見慣れたドアの向こうでフロントのスタッフたちが待っていてくれた。1月以来ボクが何かを「超える」のをじっと優しい目で見守りいたわってくれたミドリさん、そしてシンシアラはボクを優しく抱きしめて励ましてくれた。みんな、みんながここにいる。

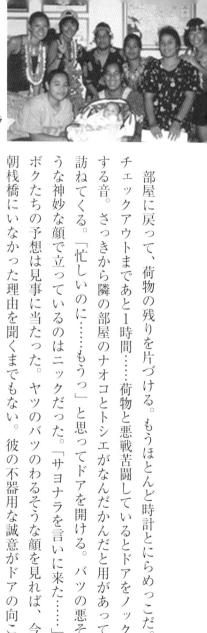

トラック島の人たちが旅にでる時、見送る人々はマルマラと呼ばれるレイを首に掛けて"Bon voyage!"今、ボクたちはみんなからたくさんのマルマラを贈られ首に幾重にも掛けている。

「みんな大丈夫だよ、今回は達成感と充実感でいっぱいさ」。

だけど一番嬉しいのは、みんなボクたちをマルマラで「行ってらっしゃい」と送り出してくれて、次に会うときはまた「お帰り」と迎えてくれることだ。キミオが残してくれたプレゼント。ボクたちの大切な故郷だ。彼女たちとはもちろん握手じゃ終わらない、"Give me the whole package !!"とBig Hug。「じゃあ、またしばらく日本に行ってくるからね!」同じ便で発つホテルゲストと共にメイソンの運転するバスで空港に向かう。昨日のあの好天が嘘のよう、昼頃から雨が降り始めた。キミオが名残を惜しんでいるのかな。「大丈夫だよ、キミオさん。ちょっと日本に行ってくるだけさ」。チューク名物穴だらけ舗装の道を車はゆっくり進む。雨にゆがんだ車窓の景色と裏腹に晴れやかな出発だ。人と繋がることの素晴らしさを偉そうに学生に説いているボクがあらためてその素晴らしさを教わった。

「キミオさん、いっぱいおみやげもらっちゃったね」。

搭乗を待つ間、ボクは初めて知った。忙しいマネージャーのメイソンと、ようやくゆっ

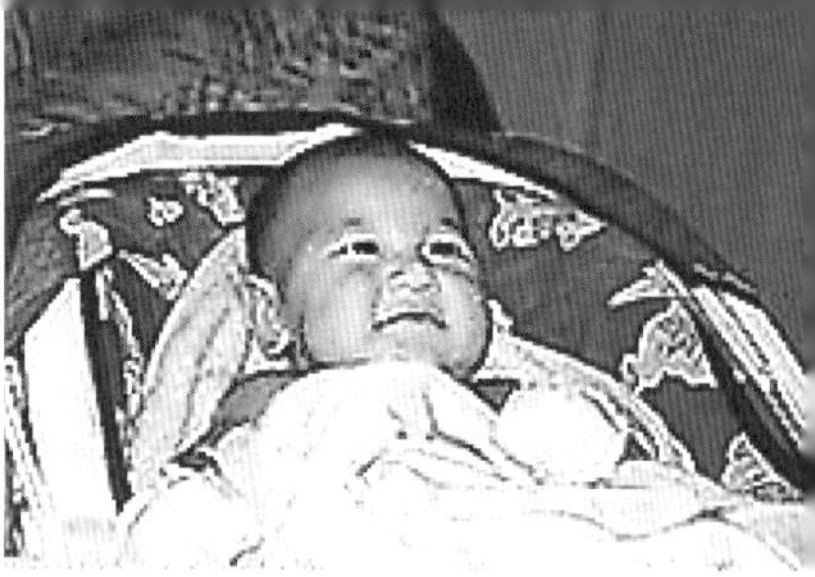

マイカイ、太平洋で最も偉大なダイバー
キミオを超えろよ！

くり話ができた。メイソンがハワイで会社を経営していたこと。キミオが持病の糖尿病を悪化させてハワイの病院に行くたびに、メイソンが身の回りの世話をしていたこと。キミオがホテルを買収したときメイソンにマネージャーとして戻ってくるよう招いたこと。メイソンが「おじさん、そうしたらボクの会社どうすればいいんですか」と困ったメイソンに、「そんなこと知らないヨ」とキミオ。しかしキミオの目は確かだった。今ホテルはメイソンやファミリーみんなの奮闘で大きく成長を続けている。記念碑沈め隊のあのボートの上で、いつも明るいメイソンが悲しみを押し殺したコワイ顔をしていた理由が、そして彼も危険を顧みず作戦に参加した理由が今ようやく分かった。

「おまえも筋金入りのキミオファミリーだったんだな……」

搭乗を待つ間にふと想い出した。いつかどこかでこんな事を聞いたことがある。この世から誰かが旅立つとき、新しい命が誕生するのだということを。5月23日、キミオファミリーに新しい命が仲間入りした。マイカイ……メイソンとシンシアラの子どもだ。ハワイ語でマイカイは海。マイカイはたいへんだ。太平洋の巨人キミオの後を承けたのだから。「あの偉大な海の男を超えろよ、マイカイ！」

ボクたちはゲートからタラップに進む。2階の送迎デッキで見送るメイソンと目が合う。いつもの明るいメイソンの笑顔がそこにあった。にこやかで、それでいて決然とした意思の存在を感じさせる。彼はにこやかに握り拳をボクに見せて親指を突き上げた。「そう、それでいい。サヨナラなんかいらないさ。危険に体張った仲なんだ、兄弟！」そしてタラップを上りながら「イシロー、オレはお前のあの言葉を決して忘れない」、ボクはトロアス島の方に向かって

……Love is going on……

欽治じっちゃんの作品「夏島の女たち」のうち2体は我が家のニッチの上でいつもスポットを浴びている。

# ネクロロジーに代えて

二〇一四年ボクたちはしばらくぶりでトラック島を目指すことにした。キミオの墓参もしたいし、キミオの愛したあの海に抱かれたかった。なによりキミオに呼ばれているとしか思えない出来事が次々起こったからだ。

・・・・・・・・

篠井小隊長（欽治じっちゃん）のトラック島再訪のあと、篠井小隊やその他の小隊でキミオにゆかりのある方々によるトラック島再訪ツアーがキミオの存命中に二回とり行われた。行きがかり上、ボクはその両方に世話役・通訳として参加することになった。ボクはこれを機に多くの戦友の方々と知り合うことができた。富山の第69聯隊に召集されたのであるから、彼らの住まいは富山県から福井県にまたがる各地に散在していた。彼らもまた、キミオ同様にひとりまたひとりと天国に旅立って行った。ボクが知り合った第69聯隊の戦友で存命している方はもはやひとりもいなくなった。ボクらは、それら訃報をいずれかの方面より耳にしても、なかなか自分の中で区切りをつけることができないままでいた。欽治じっちゃんにしてもそうだ。ボクたちは墓参できないでいた。

「それなら再びキミオさんの墓前に立つ前に、富山のキミオさんの戦友のことをしっかり区切りをつけて報告しないと、キミオさんに顔向けができないな」と思い、我が家の愛車「あんこう丸（正面から見た顔つきがチョウチンアンコウに似ているのでこの愛称をつけた）」を駆って北陸１８００㎞の墓参行脚に出発した。

・・・・・・・・・

船の白い航跡の中をひときわ白い粉の帯が流れていく。欽治じっちゃんの念願が、富山湾氷見の海に、今、叶えられていく。

じっちゃんは美術大学に在学中に学徒動員で少尉に任官されトラック島に赴いた。戦後は会社を経営し、引退後は彫刻にいそしんだ。日本でボクたちもよく展覧会に招かれた。トラック島再訪の後、インスピレーションを得たのか、「夏島の女たち」という作品を手がけた。夏島はトロアス島のことで彼の小隊が配属され、そこには軍国少年キミオがいた。その作品はいろいろなポーズをしている高さ15㎝程度の女性のブロンズでできた小像が20

体ほど集まった作品だった。

ところがある時、ご自宅に招待されると、「お世話になった方々に、記念に差し上げたい」と「夏島の女たち」の小像群を分けて、ボクらダイビング仲間に1体ずつプレゼントしてくれた。今でも我が家のニッチ（飾り棚）では、そのうち2体がスポットを浴びている。それから篠井小隊長の訃報を聞くまで、そう長い時間ではなかった。従子夫人によれば、普段と同様に就寝したが、そのまま二度と起きることはなかったそうだ。

従子夫人に、お墓はどちらかと尋ねると、「遺言で海に散骨してくれと言われているので、一部はそうしようと思う」という答えが返ってきた。結局小隊長の遺骨は、氷見から船を出して、生まれ故郷の城端のある富山湾に撒いたと聞いた。

その後も年に一度は、従子夫人を訪問した。なにせ仲のいい夫婦だったので、淋しいのではと……。元気にしているかと尋ねるといつも「元気よ」、「OB会（地域の引退世代の交流会のことらしい）で楽しんでいるのよ」という答えが返ってきたものだ。しかしボクの目には次の世に旅立つのを心待ちにしているようにしか映らなかった。たぶん従子夫人が独居となってから3回ほど訪ねたあとの正月だった。ダイビング仲間トシエのところにご長男から欠礼はがきが飛び込んできた。従子夫人もひっそりとご主人のもとに旅立ったのだ。

・・・・・・・・・

だが墓参行脚に出たボクたちにはご夫妻の墓所がわからない。2人とも富山出身だから、小隊長の出身地の城端かと考えていた。何組もの戦友のご親族に聞いても、所在を知っている方がいない。最後のつてで、弟の史郎さんに連絡を取った。幸運にも史郎さんはお元気で、ボクらのことをよく覚えていた。ただ奥様の澄子さんはすでに旅立ったあとだった。あの時一緒にトラック島に行った2組の夫婦のうち、史郎さんだけが生き残っていた。史郎さんのお話では、小隊長の遺骨は結局すべて富山湾に散骨したのだそうだ。従子夫人も遺言で、すべて遺骨は富山湾に散骨したそうだ。だから「ボクらも墓参りしたくってもお墓がないんだよ」と史郎さん。予想外の答えが返ってきたが、史郎さんの話は、なぜか一服の清涼剤のごとくにボクの心に沁み入った。

さて次なる問題は、広い富山湾のどこで花束を海に投じるか、である。富山湾は本当に美しい。雨晴（あまはらし）や氷見（ひみ）の海岸からは、海の向こうに剣・立山連峰の3000mの稜線がそびえている。でも今回ボクたちは、富山新港を跨ぐ新湊大橋に決めた。その上からの立山連峰は特に美しい。その橋のたもとから、富山湾に流れ出ていく花を見送った。

「小隊長、従子さん、これからは大好きな富山に来て海を見るたびに会えるんだね」

・・・・・・・・・

ほかの戦友の方々の墓所を訪ねるのも同様に苦労した。一方では、ご家族が住まう家のすぐそばにお墓のあった方、ご本人のお気に入りの景色が見える丘の上に、ご家族にお墓を立ててもらった方もいた。他方、雪深い山村からご家族が離村し、空き家となった我が家の裏山にひっそりと眠る方、家業を廃業して家族が離散したため、ご家族も墓所も所在が分からない方もいた。彼らはみな命を賭し、協力し合いながら戦争を生き延びた。しかし、いかに家族ぐるみの付き合いをしていても、本人たちが旅立ってしまえば、残った家族同士は疎遠になる……月日の移ろいという厳然たる事実をボクたちは思い知った。

生前、キミオは第69聯隊の本部があって、戦友たちの故郷である富山を訪れることを夢見ていた。ボクたちはこの夢をかなえるべく、基金を創設し一九九五年にキミオを富山ツアーに招聘した。キミオはここで紹介した方々の家々を、村々を訪問してまわった。キミオの夢が実現されたかけがえのない時間だった。しかしあれから20年が経ち、キミオと同じ時間を共有した仲間たちは富山から消え去った。ボクはこのことを夏にはキミオの墓前に報告しなければならない。と、同時にキミオや戦友の方々がボクらに残してくださったこの教訓から何を学べばよいのか、考え続けなければならなくなった。

あれから12年、ボクたちは色あせない絆でつながっていた。ただアッピンのお腹はキミオといい勝負になっていた。あの時学生だったアヤとトヨがここに一緒にいる。

## 再び、桟橋にて

我らが記念碑沈め隊が出動し、富士川丸と愛国丸のデッキにキミオの記念碑を沈めてから13年が経った。その翌年、慰霊碑の様子を見に来てから12年ぶりにキミオのホテルの桟橋に立った。ダイビングを終え、ここでサンセットを見ながら充実感に浸った日々。キミオの喪失感で、ここで悲しみに打ちひしがれたこともあった。記念碑沈め隊の成功でみんなと達成感に酔いしれたのもここだった。この桟橋に立って南を向くと、左側にキミオの家のあるトロアス島（日本名夏島）が、海を挟んで右側にフェファン島（日本名秋島）が見える。その間の海の遠くの方に編み笠を伏せたような端正な姿をしたウマン島（冬島）が見える。ここがボクのミクロネシアの原風景だ。

ボクたちもみんなそれぞれの仕事や生活に追われて、なかなかみんなでダ

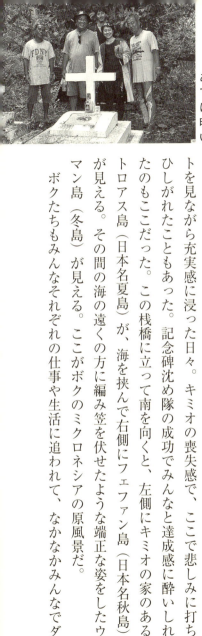

イビングツアーに出られない日々が続いていた。あの時のメンバーで今回、この桟橋に立てたのもボクとふーさん（うちの奥さん）だけだ。だが「雪の大隈講堂」で話した学生たちが今はそれぞれの道で活躍し、その中でダイバーになった元教え子たちが一緒に来てくれた。あの時ダイビング部の学生だったトヨは、キミオの旅立ちの時、ボクと一緒にトラック島の隣のポナペ島で「世紀を跨ぐツアー」に参加していた。そしてあのシンポジウムの仲間でもあった。それが大学病院の泌尿器科の指導医として活躍して、今キミオのホテルの桟橋でボクの隣に座って子猫と遊んでいる。やはりシンポジウムの仲間であったアヤは、博士の学位を取得し、日本の看護行政を動かしている。昨年ダイビングのライセンスを取得して、今この桟橋でサンセットを見つめている。二人にとって、トラック島来訪は長年の希望であった。彼らの成長が、そして彼らが今ここにボクと一緒にいることが、時の移ろいをボクに強く感じさせるのだ。

キミオの実の息子でボクの義兄弟のアッピン、会ったとたん「おい、兄弟！　なんだよ、太ったな。それじゃあおやじそっくりじゃないか」とボク。「お前、なんで来なかった。オレはずっと待っていたんだぞ」とアッピン。そしてたがいにBig Hug。いつもと同じ光景だ。もちろん久しぶりに会った大矢さんも「大矢弁当」で腕によりをかけてくれた。そこには12年経っても色あせない絆があった。記念碑も沈めて13年が経ち、字が読みにくくなっていたが健在だった。

ボクたちはキミオの墓参にトロアス島のクチュアに向かった。キミオの家では、アッピンと親戚が集まってボクたちのために食べ物と飲み物を用意して待っていてくれた。だが、あの懐かしいキミオの家は廃屋になっていた。キミオと一緒に住んでいた末息子のドゥーン一家がグアムに働きに出て、空き家になったという。

・・・・・・・・

二〇〇一年1月4日、キミオはここから旅だっていった。思えば、幸せな旅立ちだった。子どもたちや孫たちに囲まれ、正月の家族団らんの最中に突如心筋梗塞発作を起こした。長く闘病することもなく、旅立ちの直前まで家族と楽しい時間を過ごした。キミオはクチュア村の家の前からボートでウェロ島の病院に運ばれた。そこはトラックの海の中でもキミオが最も愛した海だった。あれから57年間、キミオが片時も忘れることのなかった愛国丸の戦友たちが眠る海だ。その海を渡る船の上で、満点の星空を見ながら「オレはもうだめだ……」。末息子のドゥーンに言ったのが最期の言葉だった。

太平洋で最も偉大なダイバーは海の上で旅立っていった。トラック島の戦没者たちの語り部は、彼らの墓標となった沈没船を守り抜き、自らもその海から旅立っていった。愛する海と、愛する家族に囲まれながら。キミオにとって、これ以上にふさわしい旅立ちの場面が考えられるであろうか。

でもボクたちには、あまりにも突然だった。キミオが旅だったという実感を与えてはもらえなかった。今でも、ブルー・ラグーン・ダイブショップに行くと、キミオがでっかいお腹を天井に向けて座っている気がしてならない。きっとキミオは周囲の人たちに自分が逝ったことを実感させたくなかったんだろう。そうすれば、人はいつもキミオの存在を忘れないでいるから。ボクたちはまんまとキミオの計略にはまったのかもしれない。

今、思うと、ここまでボクが語ってきたキミオの記念碑設置の物語は、多分、ボクたちや、ボクの義兄弟のアッピンたちが、キミオの死という事実を受容し実感するための儀式だったのではなかろうか。

・・・・・・・・・

廃屋になったキミオの家を見ながら、ボクはキミオの旅立ちを思い出していた。そして末息子のドゥーン一家が去って、この家は主をなくした。ボクの心のどこかで富山での墓参ツアーの記憶と重なっていた。

ボクはホテルに戻り、桟橋でサンセットを見ながらあることばを思い出していた。そして今、確信をもって言えることがある。

トラック島、この大自然に抱かれボクたちは地球を肌で感じることができる。そして心の片隅に置き忘れていた何かに再びめぐり会うことができる。ボクたちは12年経ても色あせない「絆」に再びめぐり会うことができた。キミオさん、ありがとう。ここはまちがいなく、ボクらのふるさとです。

# サン・ルイス・レイの橋――あとがきに代えて

二〇一五年、奇しくも終戦70周年の夏、ボクはこの物語をしめくくろうとしている。親しくなるにつれ、戦友会の面々は、ボクに心の奥底に封印していた戦時中のトラック島での悲惨な出来事をも披瀝してくれた。ボクたちはその話を決して風化させてはならないし、あの過ちという事実を断じて繰り返してはならない。だが人、それ自身の存在はいきおい忘却の彼方に向かうものだ。

・・・・・・・・

ボクがその言葉に出会ったのは大学の学部の2年の時の英語の授業のことだった。教材として選定されたのがThornton Niven Wilderの"The Bridge of Sun Luis Rey"という小説だった。彼はこの小説で一九二八年にピューリッツァー賞を受賞した。英語が得意ではなかったボクにはきつかった。1回の授業分の予習に6時間以上もかかった。しかし、人生における本との出会いの中で、最も大切な出会いのひとつとなった。

話はこうだ。ペルーの首都リマに「サン・ルイス・レイの橋」という橋があった。この橋は蔦で編んだ橋だった。毎日たくさんの人が往来していた。ところがある日、その橋の蔦が切れ、渡っていた人たちもろともまっさかさまに谷に落ちていった。リマの人々は「ああ、あと5分早く落ちていたら自分が……」と考え、ほっとしていた。しかしブラザー（修道士）・ジェニパーは、全く違う考え方をした。「なぜ、あの5人が落ちなければいけなかったのだろう」、と。犠牲者はモンテ・マイヨール伯爵夫人、その侍女のペピータ、アンクル・ピオ、ピオの女友達の息子のドン・ハイメ、双子の兄弟の一人であるエステバンだった。

ブラザー・ジェニパーは考えた。「これは、神の摂理を証明する絶好の機会だ」と。彼は仮説を立てた。この5人の生前の行状を調べ、善行を「+」、悪行を「−」として計算すると総計が全員「−」になるに違いない。それが故に、神はこの5人が橋に揃ったタイミングで橋を落としたのではないか、と。

ブラザー・ジェニパーは、さまざまな遺族に面談して5人の人生をつぶさに調べた。そしてバランスシートを作っていった、結果が「一」になることを期待して。しかし結果はさまざまで、結局、神の摂理を立証できなかった。そんなブラザー・ジェニパーだが、ある遺族の言葉が心に残った。

「私は確かに彼を愛していたし、彼も私を愛していた。やがて遅かれ早かれ私も旅立つ。いずれ、私が彼を愛していたことを知っている人もこの世からいなくなる。私たちの存在そのものも忘れ去られる。でもあるときこの世に私たちが存在し、愛し合ったこと、その事実は永遠に残る……」

Thornton Niven Wilderは次のような言葉で、この小説を締めくくった。

生者の世界というものが一方にあり、他方に死者の世界がある。

このふたつの世界を結ぶかけ橋が愛だ。

愛は唯一意味のあるものであり、唯一生き続けるものだ。
・・・・・・・・
キミオ・アイザックというマイクロネシアンとその家族が、そして戦友会の面々が、そしてボクたちがいた。ボクたちは彼らのことを忘れない。だがボクたちもいずれは旅立つ。

富山では戦友会の面々がみな旅立ち、残された家族たちはほとんど他の戦友やその家族の消息がわからないでいた。命がけで協力し合い生き延びたのは彼ら自身であり、その強い絆は必ずしも互いの家族同士にまで及ぶものではない。代が替れば自然に疎遠になっていく。これは嘆くべきことではなく、ごく自然なことなのだ。そのうちミクロネシアのトラック島で必死に生き延びた彼ら戦友会の人々の存在も、彼らを憧れ慕い続けたキミオ・アイザックのこともこの世から忘れ去られる。そしてボクたちのことも。だが彼らが、そしてボクらが出会い、それぞれの人生が一時期交差して、あるいは併走した。その事実は永遠にのこる。

「それだけで、いい」

（完）

## 初版を読んだ読者の感想

●20歳代　男性

人に影響を与える人、人に何かを与えられる人とはこういう人のことを言うのだと感じました。僕も人生を通じてそんな人間になれたらいいなぁと思います。

●40歳代　女性

流した涙と共に心が洗われていくのを感じる作品です。人と人との繋がりが希薄だと言われる現代、この作品には、濃密で、だからこそ力強く温かい人間関係が描かれています。著者をはじめ、作品に登場される全ての方に感謝申し上げます。

●60歳代　男性

ダイビングの先生と生徒というなんでもないたまたまの出合いが、こんなにもかけがえのない出会いになったことの不思議さを思います。それは縁とか運ということかもしれないけれど、それ以上にお互いの人としての誠実さ、素直さ、ひたむきさ、何かを求める心……といったものがもたらさせてくれたものなのでしょう。時間がすぎてゆくことによって、人と別れをむかえなけらばならないこと、大事なことも全て次第に忘れさられてゆくことを、それはそれでいいのだと肯定的に受け止められるのは、それだけその人たちがしっかりと向かい合い共に生きてきたという実感をもてたからでしょう。そういう生き方をぼくもしていきたいものです。

●80歳代　女性

昨今、世界中で薄れゆく人間愛、人間関係の希薄さ、絆の弱さ、それに反し、キミオファミリーの愛の結束はとてつもなく強く、すばらしく、美しく思われたのです。『海の底の慰霊碑』では、強まる貿易風の中を沈船の危険を冒して、死と向かい合って、何でそこまでして愛国丸と慰霊碑に会いに行くのだろうという疑問を抱きながらも、読み進めるうちに、岡田さんの「キミオ・アイザック」に寄せる人間愛を次第に深く実感することができるようになり、時には手に汗にぎる思いで読みました。『記念碑沈め隊』では、潜水や設置などの険しく厳しい仕事に、読み手の私までが成功を祈り、ハラハラドキドキして息がはずみ、脈拍が動悸打つ思いでした。

岡田昭夫（おかだ　あきお）

1986年夏にスクーバ・ダイビングを習得。

1987年夏に初めてトラック島を訪ねる。

以来、トラック島をホームグランドに、ポナペ、コスラエ、ヤップ、マーシャル諸島、モルディブ、セーシェル、赤道以南の太平洋の各島嶼地域等の各地の海中を経験。

1993年以降、東京医科大学、早稲田大学、一橋大学、明治大学等で医事法学、法情報学、情報教育の授業を担当している。授業の底流では常に「人と繋がることの重要性」を強調している。

法学博士（早稲田大学）。

NDC916
岡田昭夫
神奈川　銀の鈴社　2022
P178　18.8cm　シナモンロールにハチミツをかけて

銀鈴叢書　ライフデザインシリーズ　定価＝二、二〇〇円＋税

シナモンロールにハチミツをかけて
―太平洋で最も偉大なダイバーとボクたち、そして幸せな死別の物語―

二〇一五年一二月二五日　初版発行
二〇一七年一二月一日　再版　二〇二〇年五月二五日　三刷
二〇二二年三月二四日　四刷

著　者――岡田　昭夫©
発　行――㈱銀の鈴社
〒二四八-〇〇一七　神奈川県鎌倉市佐助一-一八-二一
電話　0467(61)1930
FAX　0467(61)1931
E-mail　info@ginsuzu.com
https://www.ginsuzu.com

発行者――西野　大介

ISBN978-4-87786-274-9　C0095

〈落丁・乱丁本はおとりかえいたします。〉
印刷・電算印刷　製本・渋谷文泉閣

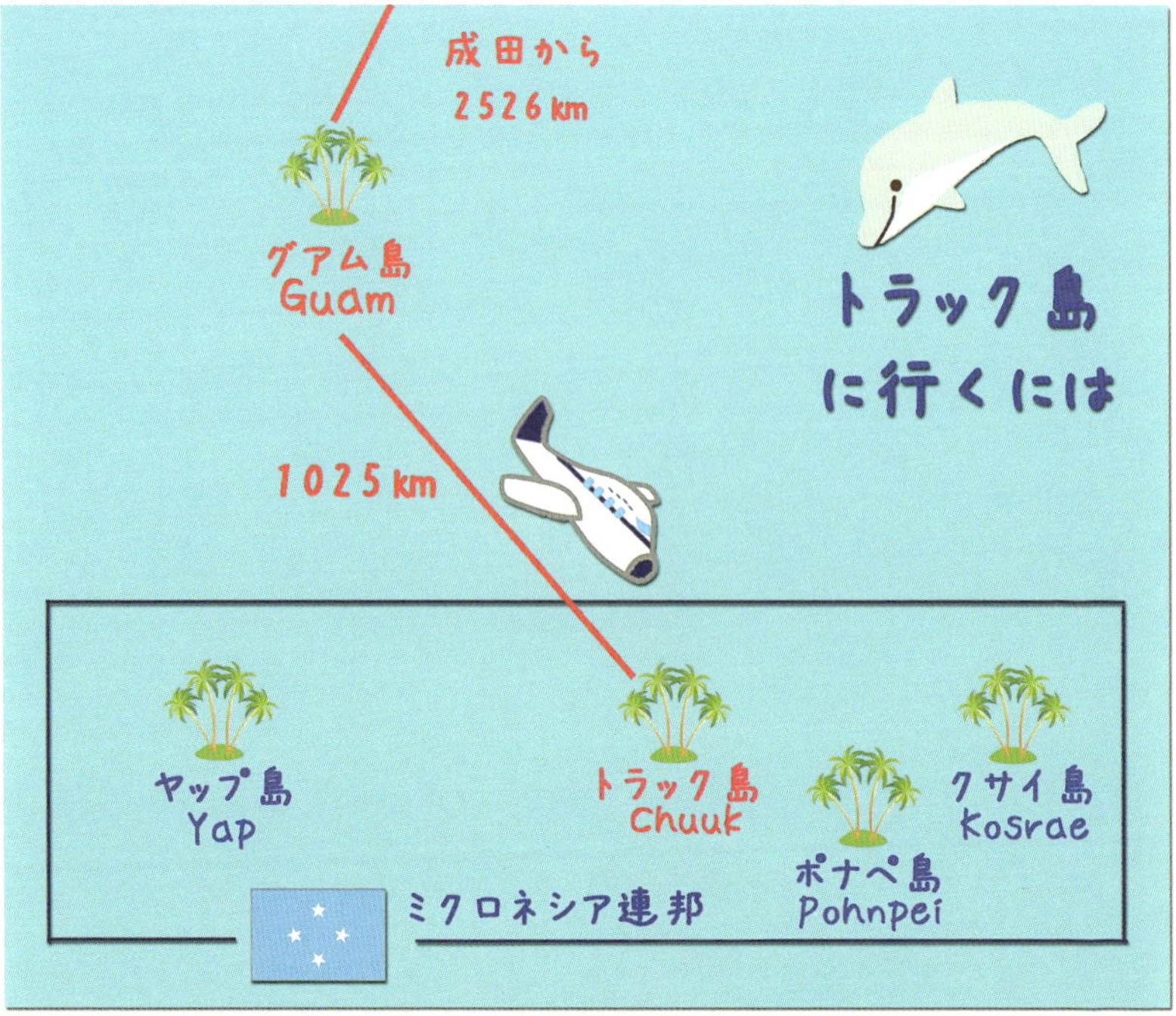
成田から
2526km
グアム島
Guam
トラック島
に行くには
1025km
ヤップ島
Yap
トラック島
Chuuk
クサイ島
Kosrae
ポナペ島
Pohnpei
ミクロネシア連邦

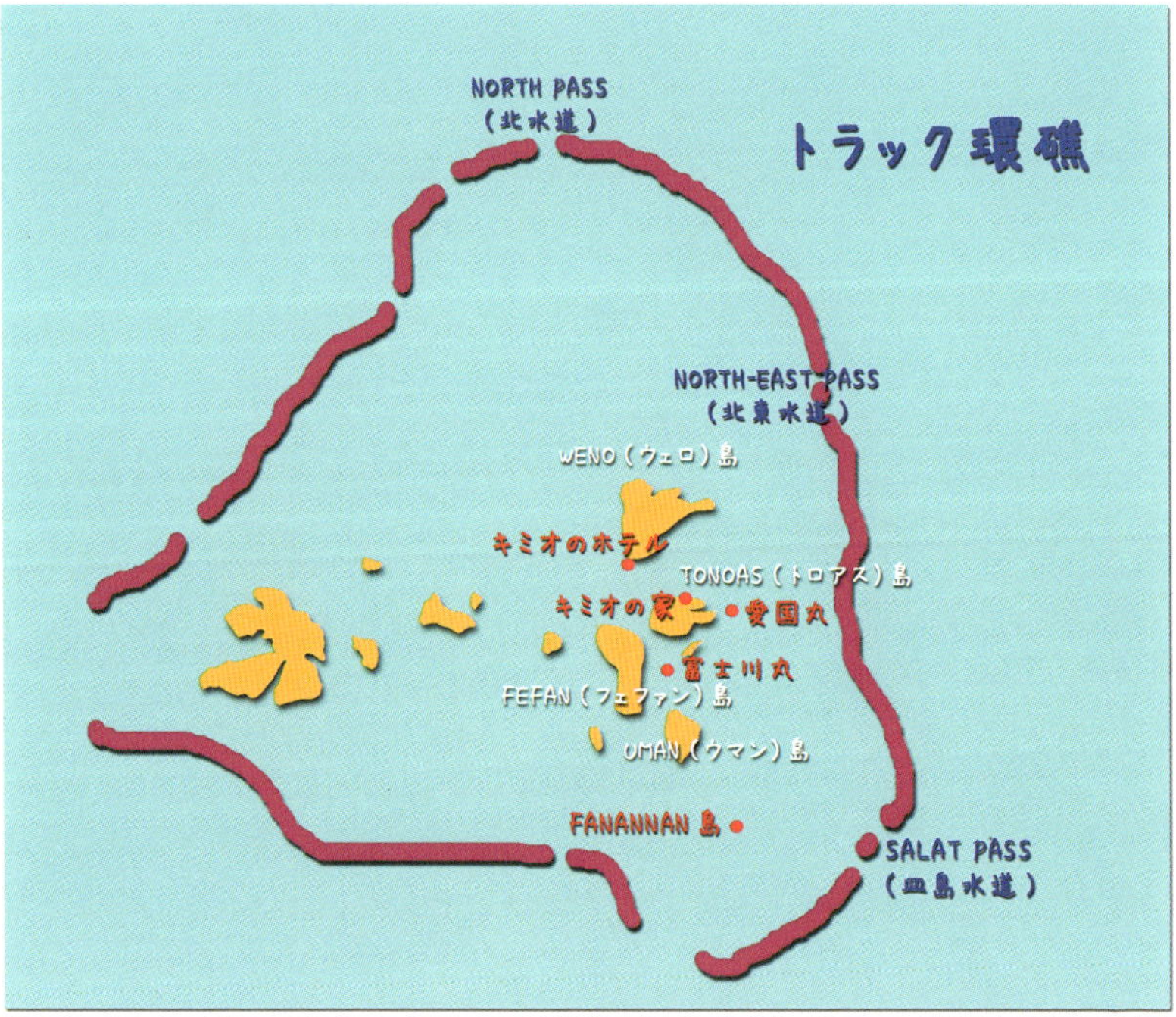
NORTH PASS
(北水道)
トラック環礁
NORTH-EAST PASS
(北東水道)
WENO(ウェロ)島
キミオのホテル
TONOAS(トロアス)島
キミオの家
愛国丸
富士川丸
FEFAN(フェファン)島
UMAN(ウマン)島
FANANNAN島
SALAT PASS
(皿島水道)